U0641145

文化遗产档案丛书

天津皇会

葛沽宝辇老会

冯骥才 主编
史静 路浩 著
路浩 摄影

天津葛沽宝辇是以八辇三亭为中心各花会竞相表演的酬神娱人祭典体系，是女神信仰及崇拜的典范，同时与年文化紧密结合，其起源、表演仪式、仪轨等都保留了传统文化的活态传承。葛沽宝辇花会于二〇〇八年被评为天津市非物质文化遗产。

山东教育出版社

本丛书为国家社会科学基金艺术学项目
“现代社会转型期天津皇会的研究”系列成果之一

丛书编辑委员会

总序

文化存录的必要

冯骥才

在时代急骤转型时，一部分民间文化的消失在所难免。

这种消失，有的是物换星移与新旧交替之必然，有的则因为失去了存在的土壤，无法再活下去；这是一种无可奈何花落去，一种在时代更迭和进程中的“正常死亡”。

当然还有一种“非正常死亡”：或由于利益驱动，自我割除；或由于浅薄无知，信手扬弃；或由于对致富的心情过于急切，草草处决了历史生命。故而，对于现存的活态民间文化遗产，我们必须抓紧做的事：一是力保，一是存录下来。

存录，就是在一项民间文化（即非物质文化遗产）尚在活态时，抓紧对其进行全面的田野调查，同时运用各种技术手段，尽可能将其完整地、客观地、详实地记录与保存下来。存录的目的是把动态的、不确定的、分散存在的、保留在人们的记忆、行为或口头上的文化遗产，采集下来，进行科学整理，从而为该遗产建立一份永久性的档案。

这样做的目的，一方面使我们对自己的遗产有完整而清晰的认识，有了必备的文献性的依据；一方面在其不可挽留时，还备有一份历史存照，不致烟消云散，化为乌有。这既是对遗产的科学态度，又是对历史创造应有的尊重，也是遗产学的工作之本。

十年来，存录的做法一直贯穿在我们文化遗产抢救的始终，如在中国木版年画、剪纸、唐卡、泥彩塑等诸多方面都进行了系统的存录和建档的工作。历史上，我们对民间文化多是成果或作品的采集。很少通过人类学、民俗学、历史学、民艺学等多学科的交叉和综合角度，进行整体的考察与田野记录，很少使用口述调查与音像记录等手段。这种方法是我们在社会转型期间，对中华民族的历史创造进行地毯式田野抢救时所采用的一种创造性的学术方法。在2009年举行的“田野的经验”国际会议上得到与会各国专家的公认和肯定。

十年来在全国各地已有很多学者与专家对某一专项民间文化遗产抢救时，也使用了这种方法。

这里则是对国家非遗的“皇会祭典”进行了如是的调查、整理和存录。

曾经兴盛于北方重镇天津、从属于妈祖祭典的皇会，具有深厚的文化内涵，浓郁的历史情韵，严格的程序套路，高超的表演技艺与强烈的地域精神。我国民间花会遍布民间，呈现于各地庙会与民间节庆中，像天津皇会这种大规模的都市民俗尚不多见。尤其令人惊讶的是，在当代都市大规模改造和居民动迁之后，这种民间结社性质的许多老会，依然“气在丹田”，凝聚不散，自行组织，自发活动，并没有被商业化，依然朴素地保持着民间文化的纯正性，为当今社会所罕见。表现了这一地域文化曾经扎根于民间之深之牢。同时我们也看到，在现代强势的都市文明的冲击下它面临的黯淡的前景与日渐消解的现实。为此，为这一城市的历史文化遗产建立科学的文化档案是我们必需承担的使命。

天津皇会始于清初，每年阳春三月海神妈祖诞辰吉日举行庆典，城郊各会齐聚天后宫，上街巡游，逞能献艺；一时城中万人空巷，会间百戏杂陈。极盛时期各类花会多至千余道。三百年以来，时代变迁，社会更迭，及至“文革”后百废待兴之时，尚存近半；然而，它所经历的最大的挫折应是近三十年的现代化冲击，致使当下仅存的老会不及百道。对其进行调查、整理、研究、存录及保护，给予主动和积极的学术支撑，都是刻不容缓的事。故此，我院一边将“现代社会转型期天津皇会的研究”作为重点科研课题（已列入国家社科基金学术研究项目）；一边对重点老会开展调查，逐一建立档案。本书便是该档案的文字与图片部分。

此次为皇会立档，一要做史料考证，二要做田野调查。前者求实，后者求真。对每道皇会都涉及其历史沿革、重要人物、技艺特征、音乐曲谱、器物种类、文献遗存、会规会约、传承谱系等等，这些历史上都鲜有记录。调查与印证之难自不必书，存录的价值与意义自在其中。应该说对这一历经数百年极具特色的民俗文化，在其濒危之际，将其完整又详实地存录下来，亦是一个小小的历史性的贡献。

我很高兴，这项工作已被我院一些年轻的师生承担起来了。由于他们此前完成了“中国木版年画传承人口述史丛书”，我相信这一套天津皇会档案能达到应有的文化质量与价值。

文化的存录对一个民族来说，是记忆，是积累，是面对过去、更是面对未来必须做好做细做扎实的事情。

是为记焉。

2013年5月31日

于天津大学冯骥才文学艺术研究院

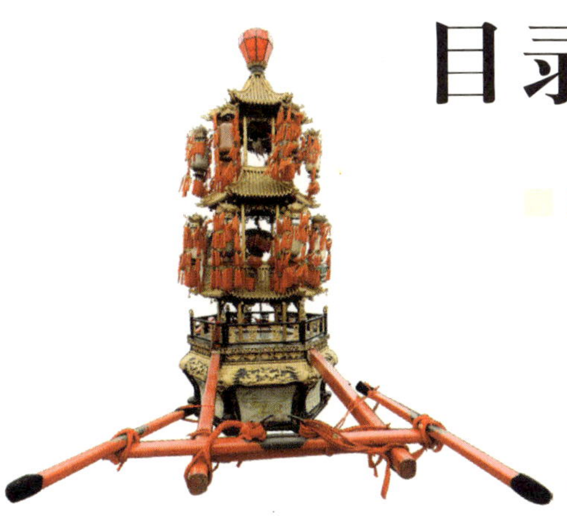

目录

第一章

源起、沿革与文化空间

一、葛沽地理环境与人文

天津别名“津沽”、“沽上”。天津有七十二沽之说，葛沽是其中一沽，位于天津市津南区，地处海河南岸，距离市区20公里，是“华北八大古镇”之一。西汉时期，邓岑子贝壳堤（古海岸线）开始形成，这也是天津地区退海遗址三道贝壳堤中距渤海湾最近的一道贝壳堤。西汉末年，贝壳堤边即有人生息繁衍，而最早出现的村落名为岭子西村。之后，海退陆追，岸线东移，向东逐步形成众多村落。如杨家岑、邓家岑、鲛脐港铺、盐村、张家甸、南灶和后来形成的蛤沽等。后因沽水北徙，蛤沽随之北迁海河南岸（现葛沽区域）。约在宋代，才初步形成一个镇的规模并更名为葛沽。

葛沽地处海河尾，湖、港、坑、塘遍布。早在宋朝端拱二年就得到开发，元朝至元年间，葛沽建立了丰财盐场，所以在元朝开通海运后，葛沽已成为一个航海着陆点。到明朝初期，这里漕船云集，是天津地区著名的水旱码头及贸易货物集散地，渔盐业发达，南粮北调，北盐南运，舟楫便利。到明代，葛沽海河两岸由东到西排列着十几个大大小小的码头，其中有漕运码头、盐运码头、海运码头、军用码头、渔行码头、摆渡码头等，著名的水运码头有东源码头、洋广码头、亨泰码头、隆兴码头、大兴码头、杨家码头；岸上建有船栈、盐坨、仓库和脚行等。明朝葛沽文人记载，葛沽开通漕运是在元代中统二年(1261)，当时葛沽附近驻扎海防军，船队主要运输南方的土产商货如木材、布匹、纸张、油蜡等，北方的土产主要为食盐。由于漕运发达，葛沽镇居民多以船业为生，码头多，脚行多，船坞多。元初期，葛沽四家之一船坞王家就是一个养船的大户，不仅自己有码头，而且还养船运木料，有木材厂。海船一般都有吉利的绰号，如“顺风飞”等。船主忌讳说“翻”和“扣”等字，所以，锅碗瓢盆不能扣着放，烙饼不能说翻个，要说“划樯”。小孩子则不能在刷船的泻水口处撒尿，因为这是“龙口”，是神圣不可侵犯的禁地。

因此，葛沽的民风、民俗以及生活习惯带有明显的漕运文化色彩，葛沽最早的娘娘庙就紧邻码头，以保佑来往船只的安全。每年过了农历二月十九，商船才开始出海。启船要奉祀海神，养船人家的庭院，立有风向标。葛沽的商业发达，尤其是粮食生意。有门面的商户称坐商，无门面的称行商。商店门外不标字号，字号都悬匾于店堂之内。葛沽菜农也较多，祖祖辈辈靠种菜为生。

在葛沽尚未形成村落时，盐民已经开始垒灶熬盐。为了运盐他们开掘了三条小河沟，当时称之为“驳盐沟”，其作用主要是用来捕鱼运盐、灌溉农田、排涝泻水、居民饮水、荡舟观景、运农作物等。明代初，大营海防军从东源码头沿着驳盐沟往营房运送漕粮，这三条驳盐沟又被称为“龙脉”。随着海水水位的变化，盐业逐渐萧条，人们垦荒种稻，引海河水浇田，这样三条驳盐沟成为三条小河，称之为东沟、中沟、西沟。这三条小河宛如三条玉带，成为葛沽镇一景“水流三带”。东沟上建有东大桥、下司衙门大桥、洛阳桥；中沟上建有北大桥、太虚桥、佛爷桥、三板桥、二府衙门大桥；西沟上建有西大桥。葛沽镇作为移民汇集之古镇，有迷人的景色和独具魅力的人文景观，被人们誉为“小江南”，有“水流三带珠帘七，桥飞九虹庙十八”，“不是桃遮即柳遮”之说。不过葛沽的桥现在大多已经夷为平地，很难再见其昔日风采。

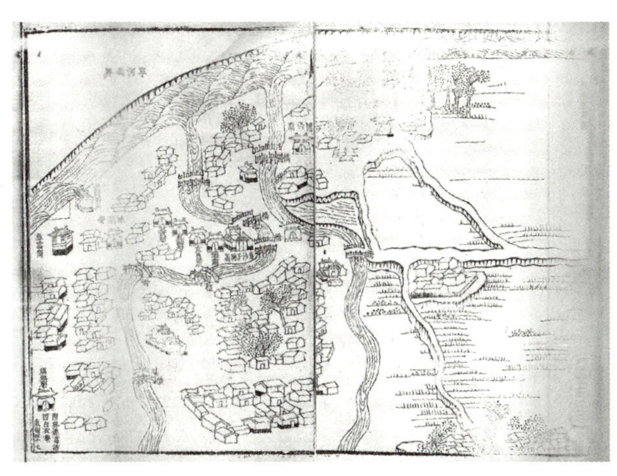

《津门保甲图说》中绘制的葛沽一带地图，分布着许多庙宇

葛沽镇位于津南区东部，东与塘沽新城接壤，西与双桥河镇毗邻，南与小站镇相连，北靠海河与东丽区隔河相望，现有行政村25个，分别是葛沽一村、葛沽二村、葛沽三村、曾庄、北园、新房、十间房、盘沽、东官房、杨岑子、辛庄子、邓岑子、小高庄、大滩、高一、高二、九道沟、石闸、三合、南辛房、刘庄、东埂、殷庄、西关、杨惠庄。葛沽镇总面积44平方公里，常住人口4.5万。

葛沽镇上的官邸有大夫第、进士第以及将军第，有功名的人有高原、郭渡、苏可道、吕品、高云龙、高充庭等。同时葛沽又是书画之乡，人文气息浓厚，从元代起，葛沽书法家就层出不穷。清雍正十年就有葛沽书画社，至乾隆三十二年（1767），葛沽巡检署成立了“溪桥翰墨堂”，葛沽书画由官方重视起来，从乾隆中叶到咸丰年间，造就了许多书法家。著名的书法家有李振鳌、苗氏三兄弟、姜元培、郭云鹤、苏云甫、曹彦华等。葛沽书画社设立在葛沽文昌庙内，最初倡导者是安徽桐城人方观承，资助者为葛沽后八大家的苏、刘两家。葛沽的这种书画传统也影响到葛沽宝辇和茶棚的文化品位和气质，茶棚内一般都布置得书香味浓厚，墙上挂有书画、文人题词等。

清代康熙帝、雍正帝、乾隆帝、嘉庆帝、道光帝都曾驾临葛沽，这也为葛沽的花会带来了更多的皇权文化及京畿文化色彩。在田野调查中，会头们讲述的许多故事多和皇帝有关系。如西茶棚的娘娘衣服为慈禧太后的遗物；北茶棚的老会所乃是乾隆皇帝御建（胥氏所建）。清代康熙三十二年（1694），康熙皇帝到葛沽，葛沽百姓用东茶棚的大辇来迎驾。康熙帝对此驾异常喜欢，赞道：

金顶金龛若金山，金灯金穗挂金边。

金身金装金披挂，金华金彩众金簪。

康熙皇帝赐予每位抬辇者朝服一袭和娘娘的銮驾，并封金赐印，从此每年出会，葛沽前八家之后人按顺序为宝辇骑马背印，这也是天后宝辇用童子“骑马背印”的由来。

《葛沽杂史 · 帝王卷》记载，清雍正三年（1725），雍正帝曾驻跸葛沽，看到宝辇后，作诗云：

不见宝辇心未惊，容荣华贵动公卿。

神工妙手出奇巧，只欠天途虹上行。

乾隆三十二年（1767），乾隆皇帝到葛沽看到宝辇，作诗云：

此辇古来帝王无，丹青妙笔不能图。

借问海神心喜否？皇帝銮舆弃之途。

嘉庆十三年（1808），嘉庆帝驻跸葛沽，曾去海神庙焚香拜天妃娘娘，海神庙是乾隆皇帝所敕建，嘉庆帝为天后娘娘拈香，御笔题写匾额“盛感天恩”。道光皇帝在葛沽检阅丰财盐场，拜娘娘庙，为之赐匾“群仙载福”。还登临慈阁，去海神庙拈香，并御笔题写“佑我东华”。

清代皇帝的驻跸和御笔题写，使葛沽的庙宇和花会更加繁盛，皇权色彩也日益浓厚。

明神宗万历年间（1573—1620），为了防倭，葛沽建筑了很多烽火台，当时有海防营，驻扎水陆兵五千人。鸦片战争以后，葛沽成为海防要

流经葛沽的海河

葛沽曾被誉为“太平庄”

目前葛沽是滨海新区建设中的示范镇

矗立的帆船雕塑言说着葛沽的漕运历史

地，镇内设有海防同知署、葛沽千总署、葛沽巡检署等衙门，葛沽成了与大沽新城齐名的海防要地。[1]葛沽当地流传着一句话，“天津建城，葛沽建营”。在这些衙门中，葛沽巡检署对于宝辇的发展起到了重要的作用，其扶植的天后宝辇逐渐在葛沽八座宝辇中上升为最受人崇拜的地位。

1.（清）樊文卿《津门小令》，嘉庆初刻本。

二、老会的源起、发展与变迁

1. 天津宝辇跑落概况

把神像放入轿辇中出行，源于佛教的“行像”仪式，所谓“行像”，是把神佛塑像装上彩车，在城乡巡行的一种宗教仪式，所以又称“行城”、“巡城”等，原为西域佛教国习俗。最先的宝辇是人们把神龛装置在八仙桌上，地方官后来也参与其中，允许借用官轿抬着娘娘，后换为宝辇，借用了皇权文化，从而升华了辇的意义。宝辇跑落主要流行于天津城厢一带和葛沽、苏庄子一带。天津皇会中，宝辇跑落是人们抬着送生娘娘、瘢疹娘娘、子孙娘娘、眼光娘娘、天后娘娘坐的宝辇，在天后圣母的出巡仪式中进行表演。跑落的道具，有辇、轿、大座三类，药王孙思邈坐黄轿，神医华佗坐紫轿，刘河间坐绿轿等，抬着这些神像跑落无疑都是为了消灾祛病保平安。而跑落之所以能够在天津产生，一是因为天津为制盐之地，据说最早的跑落就是抬着盐公、盐母赶庙会，后来为了表达对天后娘娘的崇敬，就把天后娘娘及其分身都放在轿辇中抬着跑落；二是天津是北京的门户，各地官员出入京都，所乘为官轿。轿辇历来就是一种身份和地位的象征，一方面，它像一个神龛供奉着神灵；另一方面，人们认为它具有一种神力。《舞蹈艺术丛刊》第六辑中刘恩伯、孙景琛所作《早年的天津皇会》称“天津早年皇会有演轿之举，抬轿的人都是名手，因为每逢清衢路口，必须‘跑落’，其步伐如鹤步蛇形，捷似闪电，声息寂然，翩跹像穿花之蝶，婉转类游水之鱼，所走之形，或‘卐’字或‘8’字，重重叠叠，潇潇洒洒，而轿则稳如泰山，不颠不颤，置碗水于轿心，点滴不洒，极富舞蹈特点”。

国家博物馆所藏的《天津天后宫过会行会图》中描绘的肩扛“跑落”类花会组织有：钱商工会出资兴办的“庆祝门幡老会”、潮建广三帮客商举办的“针市街公议太狮圣会”、东兴号茶叶庄张氏捐助的“太狮德照”；灯亭有西头介园花神庙的“鲜花灯亭”、“德照灯亭”和城西小移巷“同照灯亭圣会”；皇会中的六驾宝辇分别是：天后宫前的“宫前请驾会”、东门里的“同议请驾会”、侯家后的“敬议请驾会”、运署前的“运署请驾会”、针市街的“诚议请驾会”和“玉元斋请驾会”；另有盐商组织出资承办的“通纲黄轿”。共计12家、5种、19驾。天津“跑落”依其所抬道具不同，分为“宝辇跑落”、“大轿跑落”、“大座跑落”，是皇会中最引人注目的景观。以上诸会多建于清康乾盛世之际，1936年皇会是天津历史上最后一次皇会，之后诸会逐渐退出历史舞台。

2. 葛沽宝辇的起源与发展

葛沽设有漕运司，船只往来要在葛沽停留。南方人的漕船上一般都有妈祖神像，以保佑平安。过年期间，南方人为了让船上的妈祖享受更多香火，就用滑竿抬着妈祖像在葛沽街道上行走，前面有锣鼓开道。由于葛沽船户居多，尤其是有钱的船户，竞相效仿，用滑竿抬着妈祖像出巡。时任葛沽巡检署巡检黄白虹，以为滑竿不甚雅观，就将自己的轿子用来盛放妈祖像，并将蓝布帷换成大红色的。后又将轿改为辇，每到正月初，在巡检署门前搭席棚供奉辇，辇内放置妈祖像，后来将供奉辇的棚子称为茶棚，不过这茶棚乃为出会时临时搭建，出会后就拆除。

据东茶棚现任会头马兆盛说，张家人先把供奉娘娘的佛龛放在院中的八仙桌上，后又在住宅对面河上专门搭建了席棚，因此把席棚命名为“东茶棚”。而佛龛和八仙桌也经过不断改造，合二为一成了现在的“宝辇”。从张氏家族之后，宝辇花会这一民俗习惯传承至今，一共经历了冯氏、邓氏和现在的马氏。明永乐年间，当地富商与官府出面，在春节至元宵节期间，把海神娘娘（妈祖）塑像放入官轿，用人抬着沿街观灯，此举引得大批船民前来进香祷告，乞求海神娘娘保佑船民出行平安。明永

第八十六圖（原起殘缺失）

畫面簡介

共三十人。四人執香普綫幡，四人執寶扇。八人抬一華麗寶輦，天后塑像端坐輦中。二人擎傘蓋，二人挑大燈，燈上書「天后聖母」。十人挑小燈，燈上書「寶巨」、「燈扇」、「誠議」、「請駕」。

題記校註

（題記上部殘缺，多字成句）男女老少跪香接駕（缺字）勝會，有提燈焚香會，（缺字）輦上，五夥會在一處。（缺字）外來香火船上男女，（缺字）不能說話，如同敬神。（缺字）隨駕，護聖尊貴。（缺字）香味滄人，每逢到處（缺字）便有人說話，不敢高聲。（缺字）由大家全然至尊至貴，（缺字）些個，跪接駕香烟，老少（缺字）祝告話，路上接香會人（缺字）爲有接香會上人等。（缺字）爲好，是接香會人爲聖事。（缺字）大家的口願，修好行善。（缺字）好聖中有求必應。（缺字）善人家，逢凶化吉（缺字）見過事，必知（缺字），而又真（缺字）講。華輦動身，誠議抬官，請駕聖會，歷年誠議請駕，衆位抬官爺每，俱是會首人操持。没行會時，叫茶房人下請帖到院署輪夫班房，下請帖去請執，各有號名，準備下上會的香資錢財。等行會日期，衆位必到客寓下處，吃茶議事，茶房人到運署輪夫班房，下帖請之，請駕衆位號名爺們。（缺字）各帶香資錢財，到下處客寓來，茶房人到道署輪夫班房，下請帖請衆位名號。行會日期，（缺字）錢財，上會請駕。茶房人到縣署輪夫班房，（缺字）請帖請衆們名號，行會日期，各帶香錢財上會。（缺字）請帖請，衆位號名，行會日期，各帶香資錢財，上會請駕。茶房人到（缺字）資錢財，上會請駕。茶房人到剛總店號口岸，（缺字）駕，茶房人到各處鹽務商綱之家。（缺字）香資錢財，上會請駕（缺字）齊行會，（缺字）知曉，那樣會規。

九蓮燈，救主活。傅羅卜，拜鬼佛。吹勸讓，官宦得。賞金花，漁家樂。吹合鉢，白蛇說。恨許宣，情分薄。吹閙學，春香磨。小姐打，在花閣。吹點將，百花座。殺鐵頭，海稅合。賣油郎，錢存着，佔花魁，酒喝多。吹商和，善聚客，名利有，重與國。吹金榜，鳴燕閣，中狀元，吉登科。吹借茶，三郎喝，閻婆惜，生活作。吹戲叔，巧雲磨。楊雄知，許香火。吹劈塔，有神佛，小青蛇，道德學。音樂會上，昆腔曲文多多，簡而文有典，就是衆位大家敬神、行善。隨駕出巡，凡有衆位活計像什，對橫笛吹起曲文，第頭一對，搭笙的活計，第二一對，推管隨音律，第三一對，吹簫音律，第四一對，絃子月琴，第五一對，雙琴琵琶，第六一對，普鈸、哑鑼鼓音，第七一對，鏍子（三）、鑔子鼓音，第八一對，十銅碗子（四）對雲鑼鼓音，第九一對，杖鼓（五）捧起，雙手拍鼓，第十對。鼓板在中，叫板、叫眼。出廟、進廟、出城，用敲堂鼓。招活計人一堂，一共二十二位。執事人請三堂人替換歇息路上，年年會規，修好行善。「和平音樂聖會」隨駕。

註：
〔一〕一活計：一種手藝，此處指演奏技藝。
〔二〕亢音：過度的音，不正常的音。
〔三〕鏍子：即撞鐘、碰鈴。
〔四〕十銅碗子：形似小碗，擊以潤色。地方戲伴奏或裝在小木架上。
〔五〕杖鼓：即細腰鼓。其直徑大小有差，鼓橫挎胸前，雙手拍擊。

第六十九圖（原起鼓缺失）

畫面簡介

共四十三人，三人執香普綫幡，四人掌龍鳳扇，二人挑大燈，燈上書「子孫娘娘」，二十四人挑小燈，燈上分別書「寶巨」、「燈扇」、「寶輦」、「永議」、「請駕」等，一人擎蓋，八轎夫抬「子孫娘娘」寶輦。

題記校註

二駕寶輦子孫娘娘駕到，有老少奶奶們，跪香接駕，祝告求之孫男弟女等等之事。年年出巡，寶輦動身，有多少會隨駕護聖行會，寶輦駕前香普綫幡，一共十把算一會。寶炬燈扇，一共二十把算一會。八尺牛角燈上有娘娘聖諱神號字迹，一共五對算一會。繡龍繡花燈罩日罩一共二十把算一會。四駕寶輦算一會，寶輦動身有多少人侍奉，乃是「請駕聖會」抬行出巡迸街。這是一駕寶輦出巡，六夥會合在一處，行會護聖。年年無非衆會修好修善。神知衆善大家的願心許下，娘娘催感靈佑，保護行善人家平安。爲人若不信神佛者，誰能修好、花錢行會，護聖勸善？有説的無神聖？見天日光神、月光神、星光神，這是三光神。風神、雨神、電神、雷神、露神、霧神、巡神、察神，真對真。人好、心好，百事遇見運神、榮神、財神、貴神。人心全不好，做事遇窮神、憂神、愁神、禍神。萬事行善好，作德好，陰功好，救人好，吃虧好，捨錢好，捨飯好，捨衣好，修橋好，補路蓋廟好，塑神好，燒香好，還願好，幫道好，助僧好，善勸好，了事好，禮人好。

「敬議請駕聖會」，衆位好善修好，上會都爲願心請駕，公湊人客下帖邀請衆位商議辦理。閒明：有爲父母病好，許下上會；有爲自己出外得安，許下上會；有爲家中内眷生兒，許下上會；有爲小兒當差，許下上會；有爲弟兄駛船跑海招風，許下上會；有爲買賣順遂，許下上會；有爲誰誤〔一〕違事完全，許下上會；有爲本人過河失脚，許下上會；有爲小孩生花死去又活，許下上會；有爲賬目清完無事，許下上會；有爲貨物解到家，許下上會；有爲長親年老多壽，許下上會。會首人邀請會友，也有許下願心的會友，也有無許願心的會友。多多大家，爲的聖事，修好行善，都有香資錢財自帶，一共四天費用。如果不够，大家公攤，出報知事人，他明心，下年好辦。會首執事只有典辦操持。衆善人每好勝，無非求福求順，無災無病，聖中護佑，大家平安。

註：〔一〕誰誤：貽誤、牽連。

《天津天后宫过会行会图》中绘制天津天后宫各娘娘出巡时的宝辇。如今，天后宫宝辇跑落技艺已经消失，但是在葛沽，宝辇跑落技艺仍活态传承

20世纪40年代的宝辇合影

乐年间葛沽花会时兴，至今有“十老九乐”的说法，即十道老会有九道称“乐”，意为永乐年间兴起，如海乐小车、安乐旱船、丰乐、长乐等。每逢元宵节前后，几十道会在葛沽、咸水沽、小站等镇村竞相设场迎会已成定俗。由于葛沽庙宇多，神像多，所以，过年时节会把各庙的神像抬出来出巡散福，渐渐地形成了以女神信仰体系为特征的葛沽宝辇跑落形式。

此外，宝辇出会的程序和葛沽当地的婚俗也密不可分。葛沽经济稍富裕的一般人家结婚，多用四人轿或小彩轿配以旗锣伞扇迎亲。大户人家用

20世纪80年代，人们根据宝辇老照片开始重新复制辇

彩轿、套轿、花轿、改良轿，根据经济条件，租赁不同的执事仪仗，串灯四到八个，高照四个，伞一个，扇两到四面，旗子四到八面，金牌四扇，红牌四扇，子孙灯笼一对，大锣两面，大号一对，唢呐一对，笙、管、笛各一个。这种民间娶亲用的轿子和仪仗执事自然地被运用到了辇上。营房茶棚一带的营房道居住的多是抬花轿之人，所以，也自然掌握了抬辇的技艺，抬辇的技巧和把持的口令一定来源于人们的日常生活，尤其是抬轿的经验和身体技艺。

葛沽宝辇跑落兴起于明万历十六年，兴盛于清乾隆年间，到民国时期形成八驾凤辇、两座灯亭的格局，宝辇会规缜密，曲仪考究，气势恢宏，场面壮观。解放后还曾参加庆祝游行及春节上街演出，1963年是其“文革”前的最后一次接驾。1966年“文革”突起，浩劫骤至，当地造反派以“破四旧”为名，将八辇二亭全部砸烂并焚毁。

1977年，葛沽邓岑子村“长胜高跷”复会，紧接着又有许多耍乐会复会。1983年至1985年，葛沽群众委托人大代表提交恢复葛沽宝辇的请示，1985年得到同意批复。1985年至1988年，葛沽群众自发捐款50万元，仅用四年时间就将八驾凤辇、两座灯亭复制成功。扳钳厂用了三年时间做恢复宝辇的准备工作。由李洪升牵头，组织孙仲谋、张贺年、段如何等人搜集资料，找到1941年正月二十娘娘辇会时群辇合影、四驾大辇合影等旧照片，照片中东茶棚的辇最为清晰，便以东茶棚的辇为模型，由段如何设计，放大312倍制作。1986年成功复制了首驾大辇，基本保留了传统上辇的构造布局及细节。同年又完成了东茶棚、营房茶棚、北茶棚的宝辇。因为天后宝辇为重制的第一驾，尺寸比原来略小，之后制作的各茶棚宝辇尺寸就有所放大，所以，天后宝辇解放前尺寸最大，各辇重新复制后，天后宝辇成了尺寸最小的辇。段如何曾写诗《忆建宝辇》回忆修复宝辇的情景：

回顾相与一瞬间，分别已过廿余年。
重建宝辇同舟济，振兴葛沽美誉传。
巧绘宏图细部展，奇开榫卯档中含。
睽睽圣座登街亮，父老乡亲笑满颜。

1987年，在天津市首届民间花会比赛中，东茶棚宝辇获得大赛继承奖。同年西茶棚、北茶棚、香斗茶棚、东中街茶棚的辇先后复制成功。1988年灯亭、表亭先后复制成功。1989年阁前茶棚的辇复制成功。这些辇的复制资金都是民间自筹自集，由民间设计制作，这是一种对于隔断了十年多的传统复兴的热切愿望。20世纪90年代是葛沽宝辇最兴盛的时代，每

20世纪80年代，许多民间花会复会表演

次正月出会都要表演到凌晨三四点钟。各个茶棚对于当地村民来说极为盛气，也令他们引以为傲，因为这样大规模的宝辇跑落别的地界儿很少。天津市东丽区苏庄子有跑辇跑落，也是葛沽在20世纪30–40年代卖给他们的。从20世纪80年代至今，葛沽宝辇仍然维系着老传统，每年正月出会接驾，是整个葛沽年文化的核心。葛沽宝辇的出会以传统出会为主，兼有政府主导的活动和商业邀请出会。

20世纪30年代葛沽花会曾拍摄了纪录影片在天津市丹桂影院放映，还参加了首届花会大赛、华北艺术节、纪念天后诞辰活动、市首届农民运动会开幕式，还曾在“二宫”、文化宫、宁园、文化街、天后宫等地表演。

3. 迷信与俗信

“文革”时期，葛沽宝辇作为封建迷信品，全部被当街砸毁。当地人回忆“再晚砸一会儿，不让砸的文件就下来了”，痛惜之情溢于言表。20世纪80年代，辇逐渐恢复，人们用被子挡住窗户，偷偷恢复辇。辇出巡时，不允许把娘娘放在辇中，把神像放入辇中仍被视为一种迷信，于是辇只能抬着鲜花出巡。现在葛沽宝辇已经是市级非物质文化遗产，但在非物质文化遗产保护中仍然面临如何对待以前所认为的迷信还是俗信的问题。

“对于群众而言，同一行为方式的反复就形成了风俗，风俗中活动模式和程序的反复又形成了民俗中的仪式。”[1]葛沽宝辇跑落即是如此，在每年周期性的庆典中，通过程序的反复形成了一定的仪式，寄托了人们对生活的期许以及对无法解决的事情的一种寄托，这已经成为他们每年一度的“惯习”。乌丙安认为俗信“在民俗生活的行事中，早已经形成了自然而然的日常习惯，它的形式多种多样，而且比较普遍地被群体社会所认可，习以为常”[2]。民俗是人们日常生活的有机组成部分，构成了民间社会“常”与“非常”的时空，表

葛沽村民信仰虔诚，家里除了供奉观音菩萨等神像，还供奉“天地君亲师”

1. 高丙中：《民俗文化与民俗生活》，中国社会科学出版社，1994年，第78页。

2. 乌丙安：《俗信——支配中国民俗生活的基本观念》，《非物质文化遗产保护理论与方法》，文化艺术出版社，2010年，第218页。

达了人们朴素的世界观和信仰观。

五四时期，启蒙立场和科学立场成为一种意识形态，传统文化成为它们的对立面，一切的艺术和传统都指向了救国，艺术的正当性与合法性也以救国为评价标准。启蒙表现为对传统的反叛，甚至是一种激进的和全盘否定的反叛，因此开始寻找传统文化和现代性之间的不适应之处，于是传统生活被认为不但不能救国，甚至还站在了救国的反面，所以，被批评被质疑。之后一个时期，迷信这一能指所指涉的范围日益扩大，几乎囊括了今天非物质文化遗产所包含的所有内容，和百姓日常生活紧密联系的信仰与祭祀被生生割裂，被驱逐与损毁。在笔者的田野调查中，老百姓经常提及“迷信”一词，一方面认为葛沽宝辇花会是祖祖辈辈留下来的传统，应该继承；一方面又认为求神拜佛是一种迷信。

葛沽人几乎家家户户供奉“天地牌”，上书“天地君亲师”，对联为“敬天地年年增盛，孝父母岁岁平安”。多数渔民船户供奉观音菩萨，因为这些人经常出海，对联是“眼观天下事，普渡世间人”，横批是“南海大士”。还有的居民供奉仙家，即胡、黄、白、柳、灰五大家。“胡”指狐狸，“黄”指黄鼠狼，“白”指刺猬，“柳”指蛇，“灰”指鼠，因为大家认为这些动物修炼千年成正果，祈求仙家保佑，可免除灾祸疾病。这是葛沽非常浓郁的一种信仰文化，是鬼神信仰的一种集中表现，他们更愿意用信仰和风俗来代替迷信的说法。

三、信仰空间

1. 九桥十八庙

葛沽镇有“九桥十八庙”之说，庙在葛沽的历史悠久，发生着重要作用，是人们信仰的依托。据现存的道光年间《津门保甲图说》记载，十八庙分别是东白衣庵、玉皇庙、关帝庙、太虚宫、三官庙、长寿寺、文昌庙、药王庙、地藏庵、西白衣庵、娘娘庙、海神庙、火神庙、财神庙、马神庙、东土地庙、西土地庙、慈云阁。众多寺庙庵阁开庙门的日子各有不同：灶离庙四月十六，东、西白衣庵和海神庙是二月十九，玉皇庙是正月初九，长寿寺是四月初八，文昌庙是九月十八，地藏庵是七月三十，财神庙是九月十六，马神庙是六月二十六，东、西土地庙是二月二，娘娘庙是正月十六。明清两代，每逢各庙开庙门的日子或庙会期间，附近的百姓都前来进香逛庙会。关于这些庙，民间流传很多歌谣：

（一）

鱼骨称庙堪为奇，海神最先供进去。
灶立盐户考庙地，供奉盐公本不虚。
观音古阁东矗立，庙倾墙颓不堪记。
神农庙堂深两院，盐公盐母后殿移。
小圣庙宇少人知，落户葛东青珠玑。
高庄穷神无形早，乌龙先建在岭西。
蛤沽菩萨不留名，毁于何年已成谜。
以上八座庙宇早，后人牢记不可弃。

（二）

先供盐公盐母，后供五位娘娘。
西财神，东玉皇，白衣、土地各两双。

慈云阁坐南朝北方，姑子庵是地藏。
马神庙无影像，老爷为尊后来居上。
穷三官富药王，不穷不富是文昌。
佛爷底子大，不敢不说上。
周公安身玄帝庙，娘娘庙居当央。
小神、火神在西方，南北相对庙成双。
庙宇十八香火盛，旧迹无存书中讲。
再说灶离居外乡，三奶奶庙胥家造房。
鱼骨庙天津县志记载详，穷神庙在大高庄。
盐公盐母供奉早，后来驾临神农堂。
以上五庙不在号，志书里面见端详。

葛沽镇之所以有如此多的庙，究其原因，与葛沽的历史、地理条件有关。漕运的兴盛，移民现象日益频繁，明朝时各地的移民蜂拥而至葛沽，到此落脚谋生。盐户、渔户、船户，种田、经商、求官者纷纷在葛沽定居，形成了葛沽五方杂处守望互助的局面。人口日多，商贾云集，治病御险就需要神灵的庇护，于是他们根据自己的信仰，建立了各种各样的寺庙。其次，葛沽漕运业发达，经济繁荣，也为建造庙宇提供了经济保证。再者，各庙香火旺盛，有些庙宇还有富绅资助和官方定期拨银，也解决了养庙的问题。第四，葛沽提倡“善”字为先，凡事善先行，要行善助人，这种行为观念和神灵的神格观念一致。

葛沽最高的庙为慈云阁，当地人简称“阁”（gǎo），建在海河边，约有三层楼高，是人们重阳节登高的好去处。阁内上下分别有送子娘娘、观音菩萨和地藏王像，接受善男信女的焚香膜拜。门前的一对石狮蹲在台上，一只头朝左，一只头朝右，左为镇洪水泛滥，右为镇火灾肆虐，寄托着人们对美好生活的向往。旧时，阁前茶棚就建在慈云阁前。

老庙，坐落于滩头沽，供奉的是菩萨和海神娘娘，明代初期，滩头沽无人居住，老庙也逐渐倾颓。

东白衣庙，在葛沽镇东，继观音阁之后建，建成后，将原观音阁内供奉的白衣大士移驾到该庙。万历十八年在葛沽以西又建白衣庙，后来分别称东白衣庙和西白衣庙。建庙者多为船户和渔户，因此也都受渔户和船户祭祀和崇拜。

玉皇庙，在葛沽镇东，东白衣庙西侧，建于明代弘治三年（1490），捐资者为葛沽四大家之一鱼行高家。庙前有广场，每逢正月十八接驾时，众花会到这里拜谒玉皇庙，为一进宫。殿内供奉的是玉皇大帝。每逢正月初九，是玉皇大帝的生日，各个宝辇要出会聚齐。

其他的还有关帝庙、玄帝庙、佛爷庙，等等。现在绝大数的寺庙被拆毁，或改作他用，或仅留遗址。

葛沽几乎家家在堂屋供奉“天地君亲师”，这是他们的家神，正月初九这天是玉皇大帝的生日，要拜庙。

2. 灶离庙

葛沽镇流传着这样一句话：“先有灶离庙，后有葛沽镇。”葛沽镇多盐户和船户，煮海为业，多垒灶熬盐，因此，有对火的崇拜，多修建灶离庙。离为火，因此灶离乃为“灶火”。以熬盐为生的灶户都祭火神，葛沽最早的庙就是灶离庙，灶离庙最初供奉盐公盐母和灶王，庙会期间抬着盐公盐母出巡，灶离庙建于南宋高宗建炎三年春。

3. 娘娘庙

随着漕运的发达，作为海上救护神的妈祖随着福建商人的北上，也将妈祖文化带至此地，于是，葛沽船户和盐户在灶离庙内供奉五位娘娘，俗谓娘娘庙。清乾隆四年（1739），葛沽巡检司胡超依宫殿法式重新修造，比正式皇宫的大殿少五级台阶，从此，葛沽娘娘庙香火大盛。娘娘庙是尊人为神建庙以祀，此庙建于明朝，重修于清朝，是葛沽最大的一座庙宇，门前广场上立着两根大红旗杆。明朝地方志称“国朝四庙为四鼎”，东鼎葛沽娘娘庙，西鼎天津天后宫，而四庙之中唯有葛沽娘娘庙是“全供刹”，前大殿内供奉13位神灵。中间坐的是云霄娘娘、碧霄娘娘和琼霄娘娘。左右陪坐的是眼光娘娘、子孙圣母。座下两厢上首供泰山圣母、送子娘娘、痘二哥哥、判官，下首供痘疹娘娘、天妃娘娘、值年太岁、鬼王，后殿供奉药师佛等。正是先有了这个娘娘庙，才产生了对娘娘的祭祀庆典——“跑辇”，至今每年春节期间，这里仍保留着“跑辇”的风俗。妈祖从宋代开始，经历元明清三代历代敕封，官方祭祀日益隆重，妈祖的标准化开始传播到沿海各地。葛沽地区漕运发达，南方商人经漕运到达葛沽，因此对妈祖娘娘的信仰尤为虔诚。其大门两侧的对联为：

昔为碧霞元君主一尘不染

今掌人间生灵存文法皆空

横批：清静禅达

正月十八接驾当夜，要在旗杆上挂盒子灯，人们俗称“放盒子”来庆贺。

4. 海神庙

海神庙，当地俗称小神庙，所在地是现在葛沽镇的“老年活动中心”和“葛沽书画社”。乾隆三十二年（1767），乾隆皇帝到葛沽，降旨在葛沽镇西建海神庙，次年建成，山门两侧楹联为：

海不扬波稳渡星槎远迩

民皆乐业遍歌母德高深

在天后娘娘后面的墙壁上横挂两块金字大匾，一块是嘉庆皇帝所书“盛感天恩”，一块是道光皇帝所书“佑我东华”。

海神庙开庙门的日子是农历二月十九。20世纪50年代，该庙倾颓。

5. 鱼骨庙

据明代葛沽文人谭封函所著文集《沽水沉沙》记载，元代至元十八年（1281），朝廷册封妈祖林默为“护国名著天妃”，并昭示天下。至元十九年（1282）春，葛沽始建鱼骨庙，供奉天妃娘娘林默娘。

天津府志及县志均有记载：“鱼骨庙在邓家岑，庙只一楹鱼骨为屋脊，中塑神像以圆鱼骨为座，座旁有泉不堪饮。”鱼骨庙成为天津最早祭祀妈祖娘娘的古庙之一而载入史册。鱼骨庙坐落于邓岑子村，以鱼骨化石为梁，故称鱼骨庙。因其塑像以圆鱼骨（巨龟之甲）为座，又称双骨庙。鱼骨庙楹联“百年鱼骨为梁架，千载龟髓负至尊”，传说是康熙三十三年（1694）五月，康熙帝在天津府巡盐场、探海口，到此庙时所题。神像旁有一口古井，传说是可通渤海的海眼，海潮涨，泉水溢。因是海水，所以苦不堪饮。庙前两侧各竖一大旗杆，右面大旗上绣着“天妃娘娘庙”，左面大旗上绣着“护国名著天妃”。神殿墙壁上绘着妈祖娘娘海上救难的传说，大殿迎面匾额书“护国名著天妃”。

庙宇竣工后，当地社火花会热闹祭祀了七天，附近各村花会也到鱼骨庙会演。鱼骨庙建成后，为方便祭祀妈祖娘娘，葛沽一带渔民专门修建了一条由葛沽通往邓家岑鱼骨庙的大道，名叫海神庙道。道光年间庙因鱼骨梁断裂而塌毁。此时因葛沽镇内已建海神庙，所以鱼骨庙就没有再修复。

6. 现在的庙宇结构——复建后的天后宫

葛沽镇的庙宇现在主要是天后宫，天后宫于1995年筹建，当时的葛沽镇镇长薛恩树、民间花会协会会长（同时也是商业公司经理）马仁等，商定于葛沽第一小学旧址恢复重建，院内有市级保护文物、树龄400余年的国槐三棵，还有老药王庙，是过去群庙（三官庙、长寿寺、文昌庙）的旧址。从天后宫的筹建过程中，可以看到官方和民间的互动与博弈。这是由镇政府牵头组织、民间广泛参与的一次重建，负责人有镇政府人员、商业公司经理、村支部书记、镇文化站站长及各茶棚、各花会的负责人等。葛沽第一小学的前身为津东书院，之所以在葛沽建立书院，是因葛沽为津郡巨镇，人文荟萃，该书院建立于清朝同治十三年（1875），解放后成为葛沽一小，即今天的天后宫。

天后宫正殿内供奉的是天后圣母，两边分别是子孙娘娘、眼光娘娘。天后圣母冠上加冕，披玉肩，双手捧圭，腰围玉带，着杏黄袍，神像后壁画绘有两条巨龙飞行海上，象征妈祖海上涉险渡难。子孙圣母穿紫袍粉裙，左手托抱一个身穿红肚兜的男婴，右手领一个贴身的男婴，塑像后壁画绘有左右各一仕女及“麒麟送子图”。眼光圣母穿紫袍粉裙，大拇指与无名指中持一只眼睛，塑像后绘有无数眼睛。殿内东南墙绘岳元帅神像，东北墙绘马元帅神像，西南墙绘温元帅神像，西北墙绘赵元帅神像。

三位圣母的神像由葛沽镇不同的市民赞助供奉。天后宫内诸牌匾及“葛沽天后宫天后圣母之宝印”皆由不同的人赞助。从天后宫的重建中，亦可看到儒释道三教的合流，天后宫内的神像具有儒释道三者形象，1996年天后宫还举行了开光仪式，请西沽潮音寺悟道禅师率领二十余名居士，为天后宫圣像开光，敬请圣母诸神位降临天后宫。天后宫大殿的对联为“太平应思德化绩，安乐当怀积善心”和“太平庄再展雄风，安乐乡重建光彩”。

三官庙旧址在天后宫内，供奉的是“三官”。三官指天、地、水，起源于人们对自然界的敬畏，在道教的神仙系统中，是最早的神祇，掌管人间祸福、生死轮回。每到农历正月十五、七月十五、十月十五三官的诞辰之日，人们纷纷来庙内上香祭拜。文昌庙旧址在天后宫内，二月初三是文昌帝君的寿诞。药王庙内供奉的有神农、扁鹊、邳彤、张仲景、孙思邈、华佗、李时珍。此外还有长寿寺，寺里供奉的是阿弥陀佛、观世音菩萨、大势至菩萨。玉皇庙，供奉玉皇大帝和王母娘娘。财神庙，供奉的有文财神范蠡，武财神关公、赵公明。天后宫内除了一些原有的庙宇复建外，其他的神像无疑是将更多的神灵体系纳入到了天后宫神灵体系中。这些神灵互相不冲突，佛教、道教同时并存，随筹建人的想法而变动，接受人们的祭拜，诸位元君因为在世俗化的过程中被老百姓称为"娘娘"，所以，儒释道日渐结合，成了天后妈祖的分身。这些分身各司其职，同时又和天后妈祖共享香火。

与此同时，天后宫内还成立了民俗文化中心，这一民间组织是政府与民间协调的一种结果。重建后的天后宫同时也是民俗文化中心，一个建筑物两个名字，获得了政府的认可。高丙中在分析河北龙牌会时，分析了在"双名制"下民间和官方文化的合力，一个建筑物两个名字，既是"河北省范庄龙牌会"同时也是"中国赵州龙文化博物馆"，这种用双重命名的方法合法地兴建一座新庙是"当代中国社会运行的一种文化逻辑"，"不仅是一种文化传统的延续，而且是一种有效的政治艺术"[1]。民间文化意愿与政府意愿在双名制中达成一致。

但是天后宫初建时，说是要建娘娘庙，以供奉"三霄"为主，结果盖成了天后宫，以供奉妈祖为主，许多老者对此颇有疑义。天后宫并没有按着传统的娘娘庙的方式复建，而是建造了一个以妈祖为主要神灵体系的庙宇，所以，天后宫是独立于传统之外的一个新的建筑。

1. 高丙中：《民间文化与公民社会》，北京：北京大学出版社，2008年，第293、305页。

四、女神信仰神祇体系

1. 女神信仰体系的形成

正如上文所述，葛沽娘娘庙是“全供刹”，大殿内供奉13位娘娘，因此形成了葛沽的女神信仰神祇体系，女神在葛沽神祇体系中居于主要的位置，也是葛沽民间信仰在地化的独特性。葛沽宝辇花会于2008年被评为天津市非物质文化遗产，目前有八辇三亭。八辇分别是东茶棚、西茶棚、北茶棚、阁前茶棚、东中街茶棚、营房茶棚、香斗茶棚、天后宝辇等供奉的宝辇，每座宝辇供奉有一位娘娘。东茶棚——海神娘娘、香斗茶棚——痘疹娘娘、阁前茶棚——子孙娘娘、西茶棚——眼光娘娘、北茶棚——碧霞元君（泰山娘娘）、天后宝辇——云霄娘娘（葛沽人称大奶奶）、东中街茶棚——碧霄娘娘（三奶奶）、营房茶棚——琼霄娘娘（二奶奶）等，独有天后宝辇不以茶棚命名。三亭为海亭、表亭和圣母海亭。圣母海亭是妈祖从福建来天津时，休息的亭子，显光明于海上，为东茶棚引驾；海亭为天后宝辇所有；表亭，共分四层，上有罗马字盘，高一丈三，为营房茶棚所有。北茶棚的碧霞元君娘娘是金脸，其佛龛前有穿日常服装的童男童女在两边服侍。营房茶棚的娘娘佛龛中同时有“柳仙爷之位”的牌位。天后宝辇的佛龛前有黄布包着的大印。阁前茶棚的子孙娘娘神像前有很多泥娃娃。有的娘娘是泥塑，从天津古文化街泥人张请回；有的娘娘是木制神像，由当地木器作坊加工而成，如东茶棚、北茶棚的娘娘为木制。但每一尊娘娘都手捧玉圭，凤冠霞帔，服装以红色和黄色为主，以显其尊贵。

葛沽宝辇之所以以女神信仰为主，第一和诸女神的神格特征密不可分；第二，这些女神和人们日常生活的实际需求联系紧密；第三，受到官方制度方面对女神信仰的敕封和导控；第四，民间信仰活动中女性祭拜者多，女神在妇女的精神生活中起重要作用。子孙娘娘、痘疹娘娘和眼光娘娘多和小孩子有关系，受人们祭拜较多。子孙圣母是观音菩萨的化身，观音被道教称为“子孙圣母”。送子娘娘也由佛教传说而来，在中国被道教所吸收，全称为“子孙圣母育德广嗣元君”，农历三月二十为其圣诞之日。眼光娘娘道教全称为“眼光圣母慧照明目元君”，农历四月二十是其圣诞之日。眼光娘娘主要治疗儿童眼病，但在人们的心目中又是万能的，与妇女的众多事宜都有关，从妇女的生育到孩童的养育，无所不包，既能治病又能消灾。痘疹娘娘专治小儿痘疹和水痘疾病，道教称为“痘疹圣母立毓隐形元君”，她左手握着一个形似莲蓬的物件，农历九月二十六是其圣诞之日。葛沽码头多，漕运发达，人们出海也多祭拜海神娘娘。妈祖被南方商人带到天津后，随着官方祭祀和官方封号的加强，对于妈祖的信仰逐渐超越了对于碧霞元君的信仰，因此，在妈祖标准化的过程中，妈祖逐渐由海洋神成为了全功能神，不仅保佑出海的人顺利返航，而且具有了送子、去痘、平安、护国的功能。据供奉碧霞元君的北茶棚会头说，碧霞元君是葛沽唯一的金脸儿娘娘，是七月二十六从海河里捞出来的金身，于是一直供奉至今，受人敬拜。碧霞元君也是道教中为适应世俗生活而发展的女神，在北京地区信仰尤甚，由于受京畿文化的影响，天津对碧霞元君的崇拜也很盛行，其全称为“天仙玉女护国庇民永佑碧霞元君”，农历四月十八为其圣诞之日。1900年初，黄家园的胥氏盖了一间单供刹的庙宇，对碧霞元君加以供奉，每年搭台唱戏，出会庆贺。三霄娘娘——云霄、琼霄、碧霄是封神榜中的三姐妹，也是道教之神，当地人称她们为大奶奶、二奶奶、三奶奶。相传是财神赵公明的妹妹，曾经帮助闻太师对付西岐诸将，最后在封神的时候被姜子牙封为感应随世仙姑正神。学者张珣在分析女神信仰时，认为女神具有几个特质：处女特质、母性特质、妻子特质、保护人类特质、大地特质、生育丰收特质、医疗特质与愤怒特质。[1]葛沽

1.张珣：《文化妈祖：台湾妈祖信仰研究文集》，“中央研究院”民族学研究所出版，2003年，第214页。

宝辇各娘娘综合具有母性特质、保护人类特质、生育丰收特质和医疗特质，因此被广泛信仰。作为典型的女神信仰，宝辇各娘娘都慈眉善目、笑容温婉，就其内在神格特征来说，具有普渡众生的博爱情怀，只讲奉献不求回报，体现了母爱精神。

子孙娘娘、痘疹娘娘、眼光娘娘、碧霞元君、天后圣母（妈祖）、三霄娘娘这些女神都被官方所重视，历代敕封，已经成为弥漫性的女神民间信仰，在许多地方的女神信仰中，都可以看到这些女神的身影。这些女神综合在一起成为整体性的信仰体系，在不同的地区，以不同的女神为主。如在天津天后宫，就是以妈祖（天后圣母）为主神的神灵信仰体系；在北京妙峰山，就是以碧霞元君为主神的神灵信仰体系。葛沽的女神信仰体系与众不同，是多元化的，形成了八辇三亭并以天后宝辇为尊的体系，其体系如下：

天后宝辇（地位最高）

↓

营房茶棚、东茶棚、东中街茶棚、阁前茶棚、西茶棚、北茶棚

（这几个茶棚地位居中，并且彼此之间是一种平等的秩序格局）

↓

香斗茶棚（地位最低）

可见，供奉碧霞元君的北茶棚并不居于主导地位，供奉海神娘娘妈祖的东茶棚也不处于主导地位，而是供奉云霄娘娘的天后宝辇占据主导地位。这和葛沽复杂的社会文化经济背景有很大关系，天后宝辇由商务会主办，在所有宝辇中最为高大，地位最为显赫。

虽然葛沽宝辇以女神信仰为主导，但是参与宝辇跑落的人都是男性，一是因为男性体力强壮，每驾辇一千多斤，女性无法承受；二是因为女性在旧时不能参与公共事务，这一女性禁忌传统沿袭至今。神圣/凡俗的观点对应于男性/女性的观点，“认为男人是神圣，女人是凡俗。认为男人

1. 天后宝辇供奉的是云霄娘娘，正月初六，娘娘就要从会头家中被请进茶棚里的辇中

2. 正月十五接驾后，云霄娘娘要被请回会头家中供奉，逢年过节也接受人的祭拜

3. 东茶棚供奉的是海神娘娘，正月十六接驾后放在会头家中

4. 北茶棚供奉的是碧霞元君，当地人多称“三奶奶”或“山奶奶”

5. 西茶棚供奉眼光娘娘

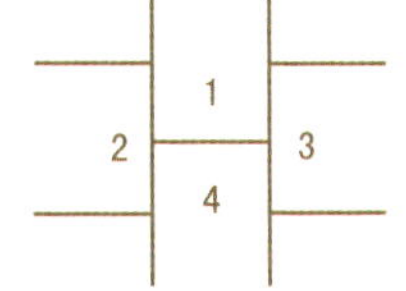

1. 东中街茶棚供奉的是碧霄娘娘，正月十六接驾后，放在茶棚里

2. 营房茶棚供奉的是琼霄娘娘

3. 香斗茶棚供奉痘疹娘娘

4. 阁前茶棚供奉的子孙圣母

从事的活动是神圣，女人的活动则是与宗教无关的、凡俗的活动。导致忽视女人在宗教活动中的参与和地位。”[1]在田野调查中，每当问及茶棚里是否有女性参加时，都一致否认，女性仍然在宗教活动中处于祭拜、祈求和世俗的角色，不能在神圣事务中担任任何角色。但是当娘娘从茶棚里请回“家”中的时候，负责上香上供品的人可以是女性。

女神信仰在葛沽形成了一些民俗，如子孙娘娘信仰就在民间形成了一些与妇女、儿童相关的习俗，主要是拴娃娃习俗。如果有结婚几年后不孕的女性，可以到子孙娘娘辇前祭拜，子孙娘娘塑像前放着许多泥娃娃，被称为“娃娃大哥”，求子之人可以偷走一个娃娃并许下愿望，如果愿望实现后，还要还愿，一般是还10个泥娃娃。阁前茶棚会头刘荣起说他们的子孙娘娘十分灵验：

> 大韩庄离这里好几十里地，我们去那儿出会的时候，有个人好几年不生育，就从辇上抱了一个小娃娃，我们的辇上子孙娘娘前有好多小娃娃，转年，他媳妇儿就怀孕了，于是他年年就接我们这个辇，烧香，给赞助的款。现在他的孩子已经12岁了，人家就信服这个。各处信服子孙娘娘的都有，每年出会，他们都来祭拜，有的人生了就来辇上还愿，还愿的时候烧香，给奶奶置办点东西或者给点钱。[2]

香斗茶棚老会员张金发小时候还偷过慈云阁下面的娃娃：

> 我小时候在庙里拿过一个娃娃回家，被我妈看见了，问你哪里来的娃娃，我说是从阁底下拿的，我妈说你赶快送回去。我妈妈说拿一个得还10个。拿这个娃娃，是因为家里有孩子总死，就拿个娃娃放到炕头上，孩子就没事了。我妈妈就背着我把娃娃放回去了。[3]

---

1. 张珣：《文化妈祖：台湾妈祖信仰研究文集》，“中央研究院”民族学研究所出版，2003年，第214页。
2. 2013年3月笔者对阁前茶棚会头刘荣起的采访。
3. 2013年3月22日笔者对香斗茶棚老会员张金发的采访。

子孙圣母像前常放许多泥娃娃，人们经常来阁前茶棚拴娃娃求子

以前的小孩得了天花，要向痘疹娘娘祈福。如果谁家里不顺遂，房子住得不顺，想高就升学等，就向泰山娘娘祈福。而渔民船户要出海，或者出海顺利归来，都要向海神娘娘祈福。眼光娘娘则主要治眼病。

2. 娘娘生日与接驾前后的安置

出会年月，各辇正月初十左右将海报贴到商务会门前，表示此辇开始搭设茶棚，正月十二至十三，各茶棚开始搭辇。现在，各茶棚从正月初六到正月初八期间开茶棚，辇装成后，有的茶棚高奏法鼓以音传信，给抬辇人员发帖邀请，有的老会员则自动前来，开始“请辇”。请辇是指将摆放在茶棚或者存放者家中的娘娘及其宝座请入辇中供奉。请辇时，前把持要身穿辇子衣，拿着新的脸盆、毛巾，象征性地为娘娘洗脸换装。由会头和前把持各扶娘娘宝座的两端，将娘娘从佛龛里请驾到门口的辇中，再将辇抬至茶棚。最前面有人放鞭炮，后面是提灯提炉，之后是把持及其他抬辇之人。东茶棚还沿袭着背娘娘的传统，并不把辇抬到家门口，而是直接由前把持背娘娘到茶棚内的辇中，东茶棚娘娘是泥做的空心像，80斤重，东茶棚到会头家的距离是一里。东茶棚初六一开茶棚，把辇装好后，前把持和抬辇的人都去东茶棚会头家，会头提前给娘娘洗脸，用的善男信女们赠送的铜盆、镜子、手巾和梳子，这个应该是前把持的事儿，但因为辇上的好多东西都是会头亲手操持，娘娘又在会头家，所以他负责提前给娘娘换上新的袍子，到背娘娘那天，前把持比划一下洗脸的动作即可，这些从过去传承下来的传统一直维持。正月十六接驾完后，娘娘就要被请回会头家或者茶棚的佛龛中，一般是凌晨三点钟结束接驾后就要直接请回各家佛龛中。但是娘娘的存放依据日常生活中的情况复杂性也呈现出不同。有的娘娘是放在会头家中，如天后宝辇、阁前茶棚。有的娘娘也放在家中，但不是放在会头家中，如西茶棚、营房茶棚供奉的娘娘就放在会员家中。营房茶棚的娘娘放在会员家中是因为这家地方比较宽阔，而且从一开始放到他家中已经成为一种传统，把娘娘伺候得很好。西茶棚的娘娘放在会员家中是因为存放娘娘的人家一直以来就供奉娘娘，已经习以为常。有的娘娘是放在茶棚中，香斗茶棚的痘疹娘娘就放在茶棚旁边的小屋中，北茶棚、东中街茶棚的娘娘放在茶棚中，专门有一个木制的佛龛，存放娘娘，佛龛有帘子，平常要放下来。一般放在茶棚中的娘娘，初一、十五会有人前来祭拜焚香，而存放娘娘的住户每天要给娘娘烧香。所以，各辇娘娘不只是在正月接驾之日才具有神力，而是在人们的日常生活中继续神力的作用，人们通过让娘娘回到个人家中，让娘娘享受更多的香火和祭拜。

东中街的茶棚在正月十六接驾后，把娘娘从辇中请回佛龛中，要把娘娘的凤冠取掉，换成平常的一块红色布做成的披帽。因为日常生活中，带着凤冠太沉了，还要换回常服。每位娘娘都有好几身衣服，不同的场合要穿不同的衣服。一般正月十六接驾时，都要给娘娘换上新衣服。

在笔者做田野考察的过程中，经常会向当地人问起哪个茶棚在哪儿，当地村民都能准确地告诉笔者；问起各位娘娘都是在谁家存放，他们也能准确地告诉笔者。可见，宝辇在当地老百姓的记忆中很深刻，是他们日常生活的一部分。每逢初一或十五，他们如果有需求，也会去这些存放娘娘神像的各家中去烧香祈祷祭拜。

茶棚平日不开放，只在正月和娘娘的生日才开放，如何解决当地居民日常祭拜和祈求的需要？一是葛沽的天后宫，二是娘娘神像存放的各家平时是开放的。在存放阁前茶棚子孙娘娘的人家，他们住的是平房，平常院门是敞开的。三间房的布局，中间是厨房，两边是卧房，其中一间卧房放的是子孙娘娘的佛龛，同时并置的有观音菩萨。子孙娘娘和其他诸神并不冲突，而是在一个信仰空间中存在。每家根据自己的情况进行布局，在营房茶棚家中，是放在一进门的客厅里，和天地君亲师、观音菩萨放在一起。天后宝辇放在会头陈景清家中。因为他已经搬到了楼房，所以，大奶奶也被搬上了楼，放在客厅的一角，平常佛龛的帘子要拉下来，娘娘的脸不能对着众人。而且会头对笔者说，你们拍照也拍不清楚娘娘的脸。东中街茶棚和香斗茶棚的娘娘是放在茶棚中。香斗茶棚有两间房子，一间房子和其他茶棚相同，用来存放辇以及其他表演器具，还有一间小房子，用来放置佛龛和娘娘。所以，民间根据自身的情况进行调适，并没有一定的规矩，但是信仰在民间，信仰在日常生活中。

各宝辇必备香炉，此香炉像一口铁锅，出会时放在宝辇前方。人们前来祭拜时，可以上香捐资磕头叩拜。每尊娘娘像前放置三寸绣花鞋，有好多人给娘娘上供也多送鞋。鞋和“孩”在很多地方方言中同音，所以，上供鞋子为的是求子。

各辇娘娘过的生日不一样。天后宝辇供奉的娘娘正月十六过生日，生日前一天供品是鲜货、饺子，要焚香祷告。生日当天供品是鲜货、面条，要焚香祷告和放鞭炮。过生日时，只是在茶棚内设摆，并不需要把娘娘辇请出来出巡，但是需要把娘娘从佛龛中请回辇中，晚上要点灯。其他各茶棚的娘娘过寿的时间不一，但庆贺方式大体相同。

西茶棚眼光娘娘的生日是农历三月十六，届时要将娘娘从佛龛里请回辇中。

北茶棚，泰山娘娘原来过的生日是七月二十六，去泰山考察后，开始给泰山娘娘过农历四月十八的生日，生日当天吃面，晚上搭台唱戏。

东茶棚，海神娘娘农历三月二十三过生日，生日当天要点燃十二连灯，晚上还要搭台唱戏。搭台唱戏庆祝娘娘圣诞方式以前并没有，这一新创的祝贺方式被其他茶棚纷纷仿效。东茶棚会头马兆盛说2012年还让天后娘娘坐船出巡过生日：

> 农历三月二十三，前把持把娘娘背到茶棚里的辇上，要放炮，布置鲜花、花篮，灯火上齐，得用两米多长的板子放供品。过生日还请唱戏的，请天津剧团来搭台唱戏，高跷和龙灯等耍乐也请来出会庆贺，但是辇不动。
>
> 去年过生日隆重。三月二十三头一天，我们出巡了一次。南大街上还贴了海报，让天后圣母下海河出巡。我雇了三条船，把娘娘抬到船上，让娘娘在海河里出巡。前头是法鼓，有彩旗、大灯，有辇。这是一种创新，以前没这样过过生日。天后娘娘应当出巡在水面。不是完全成功，离着岸太远。这得赶上天好，风太大不行，灯火站不住。[1]

农历四月二十是东中街茶棚碧霄娘娘的生日，四月十九要包催生饺子。由茶棚附近的居民和信徒在家里包，给娘娘上供的饺子则由会头在家里包。生日当天把神像请回辇中，上供鲜货和点心，吃面条。晚上搭台唱

1. 2013年3月27日笔者对东茶棚会头马兆盛的采访。

戏，相当隆重。因此，需要从中午就开始预备，茶棚必须打开，和正月设摆时布置的一样。

营房茶棚二奶奶琼霄娘娘的生日，营房道一带的人都要在娘娘生日前一天吃催生饺子，在娘娘生日当天吃面。

阁前茶棚子孙娘娘农历三月二十生日。香斗茶棚痘疹娘娘农历九月二十六生日。

过生日的资金来源，大多是过年时募集的资金所剩余的那部分，也有生日时厂（商）家的资助和香资钱。生日时，要贴海报通晓，让普通老百姓也能来给娘娘祝寿，使娘娘接受更多的香火，神圣空间的祭祀表明了人与神灵之间的一种互惠关系。

五、相关历史传说

1. 葛沽被御封太平庄

乾隆皇帝巡视大沽口海防时，途经葛沽，御封葛沽为太平庄，直隶总督方观承亲书对联“安乐乡依然安乐，太平庄仍是太平”。据说，乾隆途经葛沽时，他的属下来此私访，每天晚上住在葛沽商户门口的房檐下，把房檐下的地擦得很干净，商户看到料想必定有人住，于是晚上就把此人邀请到屋里睡觉。此人告诉当地人，过几天乾隆皇帝路经此处，一定要高接远迎。果然，乾隆皇帝来到葛沽后，发现葛沽人热情远迎，于是御封这里为太平庄。

2. 大奶奶、二奶奶与三奶奶

葛沽的天后宫据说在清康熙至乾隆时代名声显赫，因为这里不仅出了一门三翰林的周氏三兄弟，而且康熙、乾隆东巡南下，数次驾临葛沽，并建有行宫。葛沽还是海防重镇，建有海防总所。传说，乾隆皇帝有一年南巡路过天津，耳闻葛沽宝辇的精彩，特前往观赏。乾隆看罢龙颜大悦，为辇中的几位娘娘封号“大娘娘”、“二娘娘”等，当地人也称大奶奶、二奶奶。娘娘在葛沽人心目中形成的是圣像多尊、神职多样、名号复合统一的概念。这些历史传说，其实是受到京畿文化的影响，人们通过这些历史传说的叙述增加了该会的皇权文化色彩。

3. 背娘娘的传统

据东茶棚的会头讲，明万历十三年（1585），葛沽一位住在东大桥的张氏族人，经营商号玉厚堂，在从天津运送货物至福建的途中，遇到强烈的暴风雨，全船人员向妈祖祈求，希望能顺利抵岸。果然，全船人员安然无恙，便到福建湄洲岛上的庙里去还愿。与庙中住持商定，将庙中一位神像请回葛沽，选定吉日之后，由老住持开光，张氏家族人员将海神妈祖娘娘的泥塑背到船上，请回张氏家中，供奉在玉厚堂二道门东厢房内的佛龛中，自此葛沽东茶棚流传下背娘娘的传统。东茶棚每年正月接驾和娘娘生日时，都要由会头将娘娘从辇中背回佛龛中，或者从佛龛背回辇中。背娘娘时，不能暴露在阳光之下，需要用一块红布盖在娘娘头部上方。

4. 山奶奶庙的传说

山奶奶庙的传说。该庙大约建于清代咸丰年间，位置在葛沽药王庙东侧（黄家花园），为葛沽胥家所建。据说，胥家做生意前在葛沽娘娘庙焚香许愿，后家业兴起还愿建山奶奶庙。该庙坐南朝北，院内有一旗杆，大旗上绣着山奶奶庙。庙内供奉泰山圣母，旁边有陪衬的女神，东侧有一个男童，人称痘二哥。他肩挑一对木制的水桶，桶内有水，谁家孩子生疹子，蘸一下桶内的水，回家给孩子身上一擦就好了。山奶奶庙开庙门的日子为农历七月二十六。20世纪50年代，庙内神像被毁，泰山圣母神像的头是檀香木，后来被人扔在海河内，几经漂泊，被一打鱼人当做劈柴捞到船上。这个故事和北茶棚所叙说的泰山圣母是从河里捞上来的相吻合。当地人称北茶棚所供奉的娘娘为“山奶奶”，即是这么来的。

六、过渡仪式中的年文化与展演的节日语境

葛沽宝辇作为葛沽民众的一种日常生活方式存在，从民间自发形成，在传统村落中，由各户各家解囊捐资成会，维系的是传统村落的情感和认同。各道会皆为义务，因为葛沽人在长期的渔业、漕运生产生活中形成了互助、义气的民风，具有一定的传统习惯和信仰谱系结构，依照既定的运作制度（会规）而入会、出会，有相对固定的活动主体、活动场所、出会日期和出会路线。葛沽宝辇花会在每年的正月初六至十六（旧时为正月十八）期间举行，其中，正月十六是规模最大的一天，这一天要举行接驾仪式，达到一个出会的高潮，这和年文化紧密相关。年节是葛沽宝辇花会主要的展演时间，是其元传承场。“年节是一种‘通过仪式’，即是把自然季节的周期性转化为与社会生活的节奏协调起来的节日庆典，事实上，年节还是一种‘加强仪式’”[1]，是乡土社会秩序的象征性重演。广义的春节包括年前、年后两部分，年前是为年做各种准备工作，叫忙年，年后则是享受与亲戚朋友的社交活动，处于一种休闲和娱乐的状态，其目的是辞旧迎新，驱邪纳福，和自然秩序相对应。正月十五则是中国传统节日庆典的高潮，王秋桂认为：“在这一节日的早期演变过程中，它吸收了从新年前后到立春的一些求吉祈福、祛灾禳邪、迎新辞旧的习俗。到了隋朝，加上佛教燃灯的行事，又以百戏来丰富庆典的内容。”[2]葛沽宝辇就是年节这一时间段内的重要的庆典与娱乐活动，从腊月里就开始准备，正月里正式开始表演，并在正月十六达到狂欢的高潮。

葛沽人过年亦有许多风俗，年前在家中的树上绑红绳子，家家户户贴

1. 王杰文：《仪式、歌舞与文化展演：陕北•晋西的“伞头秧歌”研究》，北京：中国传媒大学出版社，2006年，第43页。

2. 王秋桂：《元宵节补考》，原载《民俗曲艺》，1990年第65期，收录于苑利编《二十世纪中国民俗学经典•社会民俗卷》，北京：社会科学文献出版社，2002年，第258页。

窗花，或者在大门上放葫芦，这些都是为了驱邪除秽。除夕时一家人喝团圆酒熬夜，子时一过吃素饺子，意思是“素素静静”。但是不允许喝汤，因为渔民船家讲究老习俗：一年头顿饭喝汤，来春出门会遇大风灌。正月初一拜年，给亲人戴孝者不拜年，也不受拜，称守孝。正月初二，家家接财神，接得越早越好。接财神取进财进水的吉利，清晨拾柴担水进家。破五吃饺子，捏小人嘴，为免一年口舌是非。破五迎财神，商户开市大吉。当地流传着《过新年》的歌谣：

二十三，灶王爷上天，二十四，扫房日，
二十五，糊窗户，二十六，炖大肉，
二十七，宰公鸡，二十八，白面发，
二十九，贴道酉，三十晚上坐一宿，
初一饺子初二面，初三盒子往家转，
初四烙饼炒鸡蛋，初五炖肉焖干饭。

年节的每一天都对应着相应的活动和食物，这些活动和食物与日常生活中的不同，具有一种象征意义。同时，年节还是万物休养生息之时，人们在此时通过庆典活动祈祷来年的丰收，从农历正月初一到初十，葛沽人相信哪天天气好，就意味着哪种庄稼长得好：初一的高粱，初二的麻，初三的芝麻，初四的瓜花（棉花），初五初六的黑黄豆，初七的谷，初八的麦，初九的萝卜，初十的菜。

农历正月十五元宵节，也叫过小年，当地民俗有蒸面食预祝丰收的传统。面食有许多花样，如刺猬驮元宝、老鼠拉木锨、金鸡报晓等，也是为了驱邪纳福。蒸好的面食有两个用途：一是供奉祖先，二是放在屋子的窗台上。正月十四蒸好后，刺猬头朝外，正月十六刺猬头冲屋内，表示驮元宝进屋。正月十六的夜晚，葛沽的妇女儿童不仅要看辇会，还要游走于大街小巷，称为“走百病”，意思是把病都走没了，同时要拣取柴草在房前屋后点篝火，往火里扔钱，因此又称为“烤百病”。正月十五还有赏灯习俗，葛沽人家届时会悬挂各式的灯，各个茶棚内也都悬挂有各种形式的灯，不仅宝辇的披挂和辇顶上有灯，而且执事分阴阳执事，阳执事用在白天，阴执事用在夜间，晚上灯彩表演时，就要把阴执事的灯以及宝辇上的灯和茶棚内悬挂的灯全部都点上，增加节日气氛。《葛沽镇志》记载：

葛沽花会之盛，关键在于群乐，春节伊始，元宵节一直到接驾，各会的灯具自不待言，且说沿街商贾店铺、庙宇、桥栏全要张灯结彩。宫灯、壁挂灯比比皆是。东茶棚附近的洗心堂老公所沿街壁画灯绘全套《西游记》。北茶棚附近的北大街壁画灯绘全套《三国演义》。工艺精湛，做工考究。葛沽娘娘庙幡杆悬挂的四面斗、十二连灯颇有名气。[1]

香斗茶棚老人说茶棚比的就是灯火：

香斗茶棚的灯是六个国家的灯，当时六国通商，一个国的灯一个样，一上就是三百多个灯火。茶棚得比灯火，茶棚的好要通过比灯火才能比出来。别的茶棚没有六国的灯。现在香斗茶棚有六十多个灯，比别的茶棚的灯都多。解放后，还出过会，张六爷、王六爷在大辇上拾掇了一辈子，有一年，香斗和宝辇搁在一堆儿，老人们就说还不把灯拾出来，多豁亮。大辇上的灯没有蜡火，都是玻璃的，座子都是铜的。没人知道怎么点十三火灯，就是十三个灯头接一个灯，一个灯分多少火，如果是十三个火，就是十三火灯。人们都不会弄，年轻的没看见过，这灯现在已经没有了。渠刘搭辇的时候，也没灯。茶棚一搭起来，会头们说，找找刘爷去，点点灯口子，找有钱的人点去，有钱的买灯，没钱的干受累的活儿。搭大茶棚得有灯，渠刘家有灯，

1. 葛沽镇志编辑委员会：《葛沽镇志》，1994年，第247页。

他家的四十个宫灯，就归会上了。会上没有地界儿，就挂到房檐上了。过年才挂，平常不挂，正月十五就是看灯彩。[1]

其实，各辇娘娘的生日各不相同，之所以没有把出会日期选择在各娘娘生日当天举行，而是集中在正月举行。原因有三：

（1）旧时葛沽船民在每年冰雪封河以前，停止海运，要等到来年农历二月十九日才出海。出海前启船时，船民们都要张灯结彩，燃放鞭炮，敲锣打鼓，焚香敬拜海神娘娘和白衣大士，祈佑行船平安，然后才登船出海。出海平安归来，仍要拜谢妈祖娘娘和白衣大士，有的还专门请戏班子为天后娘娘唱戏答谢。再加上年节时分是渔民们休息之时，有更多的时间来聚集、练习、表演。

（2）年节是狂欢的日子，从日常生活的状态进入一个“非常”的状态，完成一种过渡仪式。只有通过过渡仪式，才能从世俗世界过渡到神圣世界，从一种状态进入另一种状态。而且，这是一种周期性的祭典和庆祝，通过这种庆典达到酬神娱人的目的，保佑出海顺利和其他诸事的顺遂。民众需要通过这种纪念仪式来保持共同的记忆，从而建构一个具有共同社会记忆和神圣时间空间记忆的共同体。每到春节期间，参加花会展演就成为家族中和村落中最重要的事情。从初二开始，家族的人就开始准备，明确分工，女人们做行头，男人们抬着千斤重的宝辇参加表演，孩子们则帮忙垫小凳，对于葛沽镇的人来说，不闹完宝辇跑落就不算过完年。这种公共空间的出会具有极强的仪式性和象征性。

（3）年节期间，尤其是正月，人们处于一种休闲的状态，有更多的业余时间来耍乐。茶棚是个地缘性组织，基本上属于家族性传承，祖孙三代在一个茶棚的情况很常见。年节是家族聚会、村落聚集的一个时期，人们在这个时期通过共同参与宝辇跑落维持神圣空间的运转。

1. 2013年3月22日笔者对香斗茶棚老会员张金发的采访。

最初，宝辇出会和天气有很大关系，如果天气不好，一般出会时间将顺延。最早宝辇出会是在正月十八，因为民间传说“正月十六雪打灯”，正月十六的天气不利于宝辇出会。但是随着人们日常生活的变化，大多数人过了年节很快就要上班，如果仍然继续正月十八表演，就会出现人员不足的情况。所以，出会接驾日改为每年的正月十六。年是一个象征性的概念，细节差异决定了地方性认同和地方性文化。“春节就是以具体地方的细节性文化差异来完成各地符合地方环境和与由此地产出的物产相适应的产品制作，与一些独特的历史传统和地方性知识、地方性节日存在的解释相一致的文化活动。”[1]出会时间的变化表明了传统对于现代生活的调适性，只要不违背传统的原真性原则，传统可做适当调整。

宝辇和年节这一过渡礼仪紧密相关，但是和其他的人生礼仪关系不大，宝辇从来不给人过红白喜事，而是以神的生日及年节为主要祭祀仪式的一个广场庆典活动，因此，其神圣性才更加突出。

1. 陈华文：《细节变异与地方认同：年文化的一种存在方式》，《文化遗产》，2007年11月，第70页。

第二章

会规与会况

一、入会

1. 会员组成

葛沽宝辇各茶棚过去有严密的组织，为会头制，会员也比较固定，一般是子孙会，依据本茶棚所在的地域形成一个信仰圈和表演圈，每个茶棚有特定的地界儿，茶棚抬辇之人包括出会时负责打仪仗执事的人都应该是来自于居住在茶棚周围的人。有些茶棚还依然维持着传统的参会模式，即只有茶棚周围的人才能参与，如营房茶棚、东中街茶棚等。

各茶棚的名字一般会冠以地名，后面加上茶棚二字。所以，各茶棚的会员组成一般是本地域的村民。如营房茶棚主要是营房道这一带的居民，平常的出会资金来源也都由营房道一带的居民出资相助。而且在营房茶棚供奉的娘娘过生日时，营房道一带的居民也要同时在娘娘生日前一天吃催生的饺子，生日当天吃落生的面，以此来庆祝娘娘的生日。但是如果是别的茶棚供奉的娘娘过生日，营房道一带的居民则不必如此，信仰圈和祭祀圈相对来说较为固定。

但是，随着传统村落的拆迁，许多住在茶棚周围的居民逐渐离开此处，流动性增强，因此，一些茶棚的会员并非固定会员，有时还要雇佣外地务工人员来抬辇。以前的会员有严格的地域限制，现在的会员已经没有地域限制，可以聘请外庄人员进行表演。目前，每个茶棚都没有固定的会员花名册，每逢正月宝辇出会之际，这些会员会主动来茶棚帮忙，来抬辇的大多数会员在日常生活中和会头关系很好，当然，会头在日常生活中也要维系好各种关系，唯此，出会时大家才愿意拥护该会，接驾之日主动来茶棚报到。

以前入会较为严格，不是随便之人就能抬辇。戴孝不满三年之人，不能抬辇，偷偷摸摸之人不能抬辇，得考察三代的身份，须是老老实实的本分人家才能抬辇。现在由于人员缺乏，入会抬辇已经没有很多限制了。

2. 会头

要乐会和座乐会的领头人，被称为会头，主要是负责会里的大事小情，如出会时间、器具维修、资金管理、接受各种采访等等。能当会头，最重要的是人们能信服他，会头既能够募集出会资金，也能够组织招徕出会人员。马克斯·韦伯提到合法性统治有三种纯粹的类型，分别是：合理的性质、传统的性质、魅力的性质，其中魅力的性质是指“（建立在）非凡的献身于一个人以及由他所默示和创立的制度的神圣性，或者英雄气概，或者楷模榜样之上”[1]。葛沽宝辇各茶棚的会头无疑具有这三种性质，其传承情况复杂多样，并没有一定之规。一般来说，有以下几种情况：

(1)家族传承模式。传统的会头传承具有家族传承性，父传子，一旦成为会头，代代相传。葛沽茶棚有些已经传承了好几代，如东茶棚第一代会头是马兆盛的曾祖父，第二代会头是马兆盛的大伯，第三代会头是马兆盛，他后来当会头也是因为他的长辈曾是会头，会优先考虑。马兆盛回忆幼时：“打小我就跟辇，十几岁时跟着照亮，那前儿没有灯，后来就抱着个小凳子垫辇角的时候用。”[2]北茶棚、东中街茶棚也是如此，代代相传。香斗茶棚和北茶棚会头则几经变化，但是会头都没有脱离各茶棚的地理界限。

1. [德]马克斯•韦伯：《经济与社会》上卷，林荣远译，北京：商务印书馆，1997年，第241页。
2. 2013年3月笔者对东茶棚会头马兆盛的采访。

(2)能干者当会头。会头必须能在表演的时候找齐抬辇人员，拉来赞助，维持会的日常运转和器具修复。这就要求会头人缘好，受会员尊重和信服，在日常生活中人际关系处理得好。所以，会头必须能干，北茶棚的现任会头由葛沽民间协会副会长推荐，天后宝辇会头也是上一个会头不干了以后找的他。东茶棚会头马兆盛说：

会头要做到，首先，对会上特别好；第二，在群众中有威信，有号召能力，能招来人员，群众基础好，能找来资金；第三，会头必须懂会，必须内行，外行不能领导内行。会头具有家族传承性，我的孩子也在东茶棚辇会上抬辇。把持必须一米八以上，大胖子不行，瘦瘦溜溜的才行，嗓子好，能把号子喊出去。[1]

但遗憾的是每个茶棚都没有写成文字的传承谱系，没有详细地记载历代会头及会员的组成情况。

3. 松散的组织形式

葛沽宝辇目前没有严格的组织形式，虽然会员相对固定，但是也没有严谨的会员制度，整体上是以会头为主导的较为松散的一个民间组织形式。每逢正月十六接驾，会头要提前联系好辇夫、把持等人员，有的时候要专门聘请外来的人，一次给130元左右，晚上表演也要单独给钱，抬凳子的小孩儿也要给钱，以前，抬辇人员并不拿工资，讲究不吃会里的，不拿会里的。当然，并非所有的辇都如此，如营房茶棚、东中街茶棚、西茶棚、北茶棚，依然是只给会里交钱，不从会上拿钱。

各家茶棚的会员目前并不十分固定，情况复杂。阁前茶棚的会头，其父亲在香斗茶棚，可是他和阁前茶棚的人关系较好，所以，他进入了阁前茶棚，他的儿子和孙子也在阁前茶棚。有的时候，会员们今年在这个茶棚表演，明年也可以去别的茶棚表演，但这种情况较为少见。目前，各茶棚

1. 2013年3月笔者对东茶棚会头马兆盛的采访。

的抬辇人员以三四十岁的人居多，但是到了正式的场地，还得上岁数的人上，他们姿势好、步伐好，脚底下比较有根，年轻人很容易溜肩。有些茶棚至今还有七十多岁的人抬辇当把持的。

每个茶棚都有会计，管钱的和管账的严格分开。每个茶棚每年都会制定收支账存表，把该会每年的总收入（包括单位捐助、个人捐助、功德箱的钱、卖破烂的钱、银行利息等）和总支出（包括招待费、运输费、补偿费、灯火费、焰火费、修缮费和办公费等）一一详细说明，正月出会时，会将收入支出写在大红纸上张贴在茶棚外的墙上，以示账务公开。

二、出会

葛沽宝辇作为葛沽民众的一种日常生活方式存在，从民间自发形成，在传统村落中，由各户各家解囊捐资成会，维系的是传统村落的情感和认同。各道会皆为义务，因为葛沽人在长期的渔业、漕运生活中形成了互助、义气的民风，具有一定的传统习惯和信仰谱系结构，依照既定的运作制度（会规）而入会、出会，有相对固定的活动主体、活动场所、出会日期和出会路线。过去花会出会顺序由抓阄排档决定，在葛沽巡检署门房抓阄，领票板后才可巡街演出。巡检署张贴各会演出顺序的会单。接驾前，各会要拜群庙，会头焚香朝拜，与庙中住持换帖。接驾日，每道会必须将葛沽镇所有的庙都拜一遍。现在出会多由葛沽民间花会协会统筹安排后，向镇政府提出请示，镇政府批准后方可行会。每年出会都设有指挥机构，2003年的出会指挥机构具体如下：

各茶棚出会前，要用红纸张贴该茶棚功德榜和收支情况，村民一看，就知道该会要出会

名誉会长：齐勇（副镇长）

顾问：李洪升、张贺年

会长：安振武（葛沽二村支部书记）

副会长：段如何、赵士清（葛沽三村支部书记）、李树林（葛沽一村主任）、王金波、张金樵、杨茂龙

秘书长：段如何（兼）

副秘书长：王金波、张金樵、杨茂龙

联络员：康永泰、薛玉良

理事：李庆祥、王贵起、马维利、刘德喜、王义国、苏绍忠、黄振山、苏秀起、胡伟、毕万红、高世路、马兆盛、康永来、张常有、杜家路、宋世祥、刘宝树、刘希凤、宫伟、王凯等

可见，整个葛沽宝辇的指挥系统以镇政府和花会协会以及各茶棚会头为主，是官方和民间共同作为的出会形式。年后正月初十各会开始正式报名、抓阄，没有报名的不能参加该年的花会展演活动。

（1）挂号地点：原二干鲜商店门前。

（2）出会时间：从正月初六到正月十六，正月十六是接驾之日，最为隆重，但是会受天气影响，如果下雨或者下雪，就会顺延，有一年出会时间是正月二十，还有一次是二月初二才出会。以2006年葛沽正月十六花会的具体时间为例：

中午11点挂号开始前，各要乐会按顺序沿五星道往北排列待命发会。各辇的执事、前场在各辇摆放位置的对面马路待命并让出表演场地。

中午12点，各会挂号开始。

下午1点，各会挂号结束，准时发会，按抽签序号进行过场表演。

下午4点半，要乐首会到达原百货商店门前，第一驾辇必须到达原派出所门前，其他座乐会按顺序依次摆放。

2013接驾辇摆放位置

⑨	⑥	④	①	⑩	⑪	⑦	⑧	③	②	⑤
香斗茶棚	东中街茶棚	阁前茶棚	北茶棚	海亭茶棚	天后宝辇	表亭	营房茶棚	东茶棚	天后圣母茶棚	西茶棚

Ladies and gentlemen welcome to this party
seeing is believing

眾位會頭爺好，共同營造安全有序盡興和谐的節日氛圍

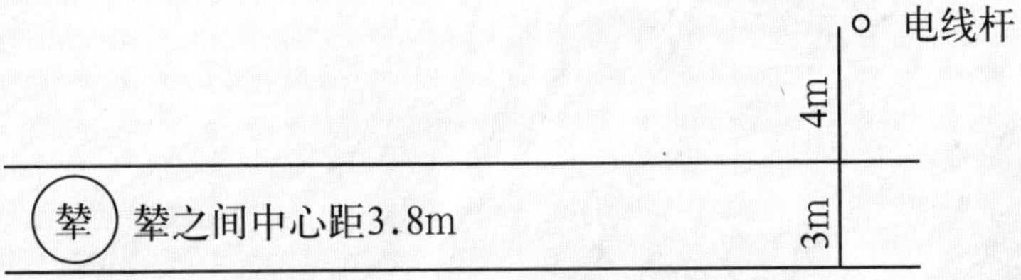

电线杆
4m
辇　辇之间中心距3.8m
3m

读尺数：①3.8m
②7.6m
③11.4m
④15.2m
⑤19m
⑥22.8m
⑦26.6m
⑧30.4m
⑨34.2m
⑩38m

放线人：段如何、薛玉良、康永泰

2013年2月25日上午9时

葛沽协会负责人要根据事先抓阄排档的顺序在出会场地用白石灰画上圆圈，圈内写各茶棚的名字，各茶棚从会所出来，来到出会场地，称之为“挂号”

各会在下午两点钟，要在挂号地点聚齐，按照顺序一字排开

出会前小伙伴们在相互化妆

天后宝辇挂号时，有骑马背印童子将大印从茶棚背到挂号的地方，然后放在辇上

下午5点，各会准时吃晚饭。

晚上7点，各会统一发会，沿规定会道进行表演。

晚上10点，各会到达西茶棚后回返。

晚上11点，各会沿会道返回民俗文化中心（天后宫）。

（3）出会会道：葛沽宝辇的花会会道也经历多次变革。

历史上最早的接驾会道是：正月十八接驾当晚，巡检署鸣炮三次，各花会在东菜市集中，去玉皇庙，在庙门前汇演，此为一进宫。由玉皇庙广场向西到高家大胡同，向北到顺河大街，绕到慈云阁市场，此为二进宫。向东到花神庙大街至花神庙，为三进宫。从吴家桂华堂大胡同进入北大街，从药王庙胡同进南大街，由二府衙门向西到娘娘庙，为四进宫。

20世纪30年代的花会会道：20世纪30年代海河沿岸冲刷严重，很多既有的会道被毁，各会不再向西过北大桥，而是向南而行，过黄家园、山奶奶庙、太虚宫、塘子桥、药王庙、三官庙、长寿寺、文昌庙、于家肉铺、德泰恒广货店、盛兴福店铺、福利杂货店、三板桥、地藏庙、新当铺十字街、侯家染料店、赵家大胡同、裕达糕点铺、西白衣庙，进入老会道。

现在花会会道：现在花会会道相比老会道已经发生了很大的变化，但是依然保留着三进宫的仪式。花会主要表演场所在贯通老城区的南大街、东大街，具体界限为：南大街东起南大街与东大街交口，西至葛沽西茶棚；东大街东起南大街与东大街交口，西经民俗中心，南至解放道与南大街交口。主会场在南大街自来水厂住宅楼前广场。

葛沽宝辇在当地颇有威望，若能参与其中，不仅对于个人是露脸的事情，而且也可以为家族争光，坊间流传着“要想露脸上宝辇，连打小旗也光荣”的说法。葛沽宝辇会主要有设摆、接驾、送驾三个祭典环节，其程序主要包括：抓阄排档、海报通晓、茶棚设摆、焚香祷告、踩街表演、回銮接驾、三进宫等表演程式。

1. 抓阄排档

以前，在宝辇会接驾前夕，各会会头在商务会抓阄，共同推举总会头负责指挥协调工作，根据天气情况决定接驾日期。之后，各会抓阄决定出会顺序，还要决定各会挂号集合的时间、地点、出会路线、掌灯时间、进餐时间等。现在，抓阄在镇政府举行，各会头到场推举总会头及现场指挥人员，每个茶棚还有一位人员负责协调和安全事宜。抓阄抓到第八会，不称“八会”，而称“双四会”。天后宝辇、香斗茶棚、海亭不用抓阄。门幡为引路，杠箱为首会，也不抓阄。宝辇的排列定而不移，大奶奶宝辇必须压后，因为这是最大的娘娘宝座，香斗茶棚的宝辇必须在大奶奶宝辇之前，因为痘疹娘娘是服侍大奶奶的侍女；海亭又必须在香斗宝辇之后，因为这是娘娘出巡时休息的亭子，当然也不能离娘娘太远。香斗茶棚在广场上处在最靠边的位置，行会时，则在天后宝辇的前面。正月十六为正式接驾之日，各会吃过早饭后开始行动。各茶棚附近的耍乐会要为宝辇引道先行，宝辇随后行动，先到娘娘庙前烟花场报到，也叫“宫前挂号”。中午12点开始，耍乐会与座乐会在宫前东西南北各口汇集。各花会会头持香进庙跪拜，然后出庙向大奶奶宝辇跪拜。

传统上，沿街机关、店铺、作坊、富绅等要做好接驾的工作，如清扫街道，沿街摆放茶水桌、糕点桌。

2013年各会的抓阄记录，包括会名、负责人、所属单位如下：

座乐会

1	北茶棚	李万华	葛沽一村
2	东茶棚	徐善德	葛沽一村
3	阁前茶棚	刘荣起	葛沽二村
4	西茶棚	杜家路	葛沽三村
5	东中街	李庆祥	葛沽一村

6 营房茶棚　张庆和　葛沽一村

以下茶棚不用抓阄：

香斗茶棚　康永来　葛沽二村

海　　亭　陈景清　葛沽二村

天后宝辇　陈景清　葛沽二村

升平民乐　郭永祥　葛沽二村

耍乐会

1 鼓乐龙灯　孙桂金　葛沽二村

2 清平竹马　王桂起　葛沽二村

3 青义高跷　房洪旭　北园村

4 青正高跷　夏金厂　东埂村

5 青云高跷　马维利　刘庄村

6 长乐高跷　邵长河　葛沽一村

7 同乐高跷　于长海　新房村

8 长胜高跷　胡　伟　邓岑子村

9 青童高跷　刘长利　新房村

10 青英高跷　黄振山　刘庄村

11 青圣高跷　潘玉龙　金龙里

12 青乐高跷　张　旺　大滩村

2. 海报通晓

每逢接驾日前，由葛沽镇文化馆在南大街广场等地张贴海报通晓出会时间和路线。各茶棚也会在各茶棚门前张贴“××茶棚全拜”和该年该会的收支账单。只要张贴“××茶棚全拜”，就表示该会出会，如果不张贴，就表示该会闭会。耍乐会要踩街，拜桥、拜庙、拜茶棚等。

3. 茶棚设摆

茶棚是旧时庙会期间在香道中修建的为香客提供沿途饮食、休息的场所，也具有象征性，是娘娘出巡过程累的时候一个休息喝茶的地方。茶棚较早为松棚或席棚，竹竿搭设的一次性简易棚，后来改用苫布搭。前脸有出檐和门垛，檐下挂匾，门垛悬挂张贴对联，左右摆放彩绸，辇放于茶棚正中。后来多用原有旧庙或新建庙宇型房舍，里面供奉娘娘像谓之“娘娘驾”，备有茶水。现在葛沽宝辇的茶棚已经是固定的房子，大都于2005年左右建筑，当地政府批的地，集体集资修建。茶棚都很高，因为辇很高大，进入时要把最上面的隔栏拆下来才能进入。一般是红色大门，红色象征吉庆，非常显眼，虽然和居民日常居住的房子在一起，但是邻近广场和马路，这样方便辇的出入。各茶棚都于所在街道高竖幡杆，正月十五用于悬挂十二连灯，如漕运船舶之桅灯高挑。

茶棚是一个公共空间，茶棚的建造符合风水理念，和日常生活的空间不同，占据更大的面积。一般茶棚前面都会伫立两个高大的旗杆，茶棚的选址通常临近马路，方便辇的进出。在村落中行走，很容易就能够识别茶棚。在离茶棚10米左右的地方，竖两根数丈高的高杆，顶端悬一对十二连灯串，这是一个茶棚的标记，便于香客寻踪。茶棚落成之日，船民香客就可以焚香、献烛、祈祷或捐资。茶棚外用大红色的纸列榜贴示：×××捐钱捐物若干。即便是没有人焚香祷拜了，这些收入支出的榜依旧保留。

请驾后接驾前，娘娘塑像被请回辇中，放置在临时搭建的街头茶棚内，仪仗执事也被放置在茶棚中，辇前放香炉。每驾辇都要先搭一个贮辇的棚，主要用于“设摆”，即展摆大辇及香案，供人们上香、礼拜和观瞻。另外还要设置茶炊子，供远道香客驻足饮水，茶炊子后来渐渐发展成为一种表演的道具。茶棚内悬挂各式彩灯，有荸荠灯、葫芦灯、宫灯等。茶棚前脸张贴楹联，时间一般从正月初六或初八开始，茶棚开门后，要将娘娘从各家或者茶棚的佛龛中请回宝辇中，接受人们的香火和祭拜。法鼓要在茶棚内敲奏应景的“歌子”（曲牌）。设摆期间（从开茶棚门到正月十五），每天晚上，各个茶棚要互相拜会。以前只要开了庙门，各个茶棚就要天天拜，晚上掌灯。现在都简化了，只在正月十三到正月十五，每天晚上派10个人拿着灯挑拜茶棚。有一个稍微懂点会规的老人拿着会帖带着孩子们去，保证孩子们不出事。孩子们拿着灯挑，吃了晚饭去拜，路上遇见耍乐会，必须道辛苦，换帖。比如看见高跷正在耍，必须说“辛苦”，把小会旗横着放举过头顶，会旗上的茶棚名字得亮出来才行。到茶棚后道辛苦换帖，其他茶棚也要来该茶棚拜会换会帖。

茶棚开门之前，要做大量的准备工作，以前腊月二十八、二十九就开始开茶棚打扫，现在时间都往后推迟，一般正月初六才开茶棚。主要是：

（1）打扫茶棚。茶棚不经常开，积累很多灰尘，要打扫干净，茶棚院前也要打扫干净，干净是新年一个很重要的内容，表示清洁。

（2）擦拭并安装宝辇及仪仗銮驾。宝辇不用时，都用特意缝制的布盖住，为了灰尘不进入宝辇中，茶棚还会用一大块红布挂在整个门前，以防风尘进入。每座辇都漆了金箔，所以不能用湿布擦拭，只能用辇上悬挂的拂尘轻轻擦拭。因为辇杆很长，所以，在放入茶棚中以后，辇杆要被取下，茶棚开门时，就要把辇杆装上。接驾后披挂也要从辇上摘下放起来，这时也要重新挂上，同时也需要把仪仗执事等清扫干净。

（3）布置茶棚。在辇前布置焚香炉，摆放香案供桌和供品，供品主要是各种鲜货、糕点和馒头等。悬挂棚内灯具道具，张贴楹联，插放旗帜，把仪仗执事按照顺序摆放整齐，整个茶棚井然有序，尤其是灯具，各个茶棚都极为重视，葛沽正月十五看花灯，看的就是各个茶棚的灯火。

茶棚设摆期间，需要把娘娘请回宝辇，之后，还要蹓杆，其目的是为了演员蹓脚步，以保证宝辇跑落的时候步调一致，不出差错。新的抬辇人员借此机会可以练习抬辇姿势和步伐，同时使辇杆颤动后恢复它的弹性。蹓杆后，辇入棚开始设摆。从茶棚开启之日，晚上就要点灯彩。

茶棚是当地民众自发组织的，属于公共性的组织和财产。但是茶棚并不是一个民间信仰组织，所以，茶棚里的人员和日常生活中的人的身份并无太大区别。

4. 焚香祷告

各茶棚焚香祷告，摆设供品，以各种鲜货和点心为主。除天后宝辇外的其他各茶棚会头要拿着一股香到天后宝辇前焚香祷告。以前，出会之前，会头要领着众会员向娘娘烧香祈祷，然后才能出会，现在只有个别的会才有这个出会前的祭拜仪式。

5. 踩街表演

葛沽花会以宝辇为中心，分座乐会和要乐会。座乐会包括宝辇、法鼓、吹会和茶棚；要乐会包括跑竹马、旱船、龙灯、高跷、舞龙、狮子会等。宝辇既是各位娘娘乘坐之辇，以供人们瞻仰敬拜，具有神圣性，同时也是跑辇表演的道具，具有娱乐性和观赏性。各要乐会在从正月初二就开始踩街表演，各宝辇只有在正月十六才开始踩街行会接驾，之前，也会受商家邀请出会。

各辇沿着既定的会道穿街而行，俗称“跑辇”，也叫“跑落”。每道辇由八个辇夫抬，两个把持辇前辇后各一人，最前方持日罩者一人，辇的四个底座需要有四人随时拿着垫角凳伺候（有很多小孩儿拿垫脚凳），共十五人。持日罩者用后背扛着日罩，右手在日罩杆上，左手在日罩杆下，两只手顺时针扭动日罩杆，走出“8”字形、龙蛇形及原地360度“捻捻转”，后面抬宝辇的人跟着日罩走出的路线行走。

2013年农历正月十六，宝辇在老城区出会，看会的人群熙熙攘攘，大家在拥挤中寻找过节的气氛

2014年农历正月十六，宝辇在新区出会，人们依然兴致浓厚

宝辇在广场上找到自己的位置后，法鼓便开始在宝辇前进行敲击。只有在行会过程中，宝辇才进行跑落表演。从茶棚里出来到广场上指定的位置，宝辇需要在坐落位置的广场前进行跑落表演。第一次跑落表演于下午两三点钟完成。第二次跑落表演在晚上七八点钟左右，第三次跑落表演在晚上十二点钟左右。一次宝辇跑落下来，最少需要换两番人，需要替肩的人始终在旁跟着。

6. 回銮接驾

葛沽宝辇讲究的是接驾。所谓接驾，就是葛沽宝辇八驾辇，以天后宝辇为尊，其他七驾辇，都要接天后宝辇的驾，当地叫“对脸”，七驾辇要按照既定的顺序给天后宝辇“对脸”，即各辇在跑落后来到天后宝辇前，两个宝辇相对，以表敬意。

各辇在自来水厂住宅楼前的位置，事先由花会负责人用白石灰粉画出来，按照事先各辇抓阄的顺序画一个圆圈，里面写上茶棚名字的简写，各辇依照画定的顺序在此聚集，每驾辇之间的中心距是3.8米。

升平民乐会要在天后宝辇前坐敲，宝辇起驾时，升平民乐会在天后宝辇前行会

以前娘娘庙的广场是热闹的中心，午饭后，耍乐会先进入广场，各辇都

从茶棚中请出，相继到广场指定地点按顺序集合，是为“挂号”。八驾辇、三座亭从各茶棚一齐集中到娘娘庙前。完全抵达后，各会头进庙上香朝拜。

除天后宝辇之外的七驾辇都到广场上按照事先抓阄好的位置齐了以后，接驾才开始，鸣炮九响起天后宝辇的驾，天后宝辇前的背印童子领路，日罩引行，仪仗执事前导，抬辇人跑辇入场。大辇居中，各辇雁翅排列，各会及各辇的全体人员逐一排队朝拜，这就是接驾。

接驾后便开始步入会道，依次出发，十几道花会如高跷、狮舞、旱船、龙灯等一起上街，每驾辇前都有一至二道花会，一边行会一边表演，首辇到达玉皇庙时，尾辇才刚刚出离娘娘庙广场。

信众在虔诚地祭拜

抬辇人员中还有一些六七十岁的老者

辇有一千多斤，分到每个人的肩上有一百多斤

7. 三进宫仪式

葛沽宝辇分接驾前、接驾和接驾后，讲究有起有落，什么时候起，什么时候落，都有一定的成规。各宝辇要依次举行“三进宫”仪式，一进宫于玉皇庙前广场，二进宫于西马集广场，三进宫于天后宫前广场。跑落除天后宝辇是响锣和吹会开道之外，其他辇均以法鼓开道，有的法鼓还有茶炊子表演，当宝辇在固定位置上时，法鼓表演者要坐在凳子上进行表演。东茶棚为清音法鼓，东中街茶棚为驾前法鼓，北茶棚为五音法鼓，营房茶棚为驾前法鼓，西茶棚为驾前法鼓，香斗茶棚为雅音法鼓等。天后所坐的大辇由清音大锣开道，背印的马童骑马在前面稳稳而行，还有各种仪仗执事：小锣一面，高照四个，大锣一对，软对一副，硬对一副，龙棍一对，金瓜、钺斧、朝天镫各一对，海八宝（轮、螺、伞、盖、花、罐、鱼、长）八枝，龙扇一对，龙凤扇一对，金凤扇一对，孔雀凤扇一对，灯牌一对，茶炊子两对，提炉一对，盘炉一对，纱灯一对，歪脖伞一对，每驾辇全副执事由孩童来打，天后宝辇因其尊贵跑落一般只走直线。天后宝辇中骑马背印的童子年龄一般为七八岁，穿着清代皇帝一样的黄色服饰，头戴花翎帽子，脸部简单化妆。背印童子需要三年换一次，人们认为童子是侍奉大奶奶的，童子如果背过印，对家里好，说明这个童子能侍奉大奶奶。如果童子背印后，对家里不好，说明他侍奉不了大奶奶，就要立刻换人。“跑辇”活动分为抬、行、置三种表演方式。整个展演活动中，把持和会头具有仪式性权威。

三进宫开始时已经入夜，这时要把各辇的蜡烛点亮，辇与仪仗及各随员皆以灯烛照明，形成灯火的长龙，这就是灯彩表演，灯彩表演一直持续到整个接驾结束。

三进宫仪式结束后，各会头要拈香朝拜，宝辇最后加入各辇行列中后，要一起掉转辇头，朝向娘娘庙门。大炮响后，各辇会头双手合十，行跪礼，娘娘庙住持升黄疏表，诵读“南赡部州直隶省天津县津沽海下天后宫某年某月接天后圣驾保佑我一方”。各会头接着燃香放入辇前的香锅，不过这个仪式随着娘娘庙的倾颓也已经消失。

随后各辇回各茶棚。各茶棚将娘娘塑像从宝辇中请下来，请回各家或者放在茶棚的佛龛中，表示结束出巡，可以进入日常的一种时空中。以前，香斗宝辇和海亭引宝辇要回商务会常年设摆，如今，也和其他辇一样放回茶棚，并不常年设摆。至此，宝辇接驾仪式结束。旧时，因为出会的场所时常为十字路口，表演结束后，烟气升腾，老人们常说：“诸位神仙受够香烟，回山去了。”

以前，出会时为了防止火灾，水会亦出会，要抬着压水机亦跑亦走，既可有火灾时灭火，亦可观赏其表演，现在则换成了消防车。

葛沽宝辇体系是一种民间宗教的祭典仪式，扎根于葛沽人民的生活、传说以及他们的世界观，惯性地举行狂欢。人们通过观看宝辇的接驾仪式，嫁接了神圣和世俗，人们通过许愿和还愿，向神圣祈祷是为了达到世俗的愿望。葛沽宝辇的观看群体，既有葛沽本地域居民，同时也有市里及其他地域的民众，还有一些慕名前来观看的外国友人。葛沽宝辇在客观上不仅仅是祭典仪式，而且已经成为旅游的一部分，人们来这里有的是为了向神灵许愿，有的是为了观看耍乐会和座乐会精彩的表演。

整个花会，以葛沽宝辇跑落为中心，较为严肃庄严神圣，而花会多以娱乐化为主，较为诙谐幽默。尤其是高跷，从其化妆装饰可看其幽默诙谐的一面。小车会也专门设置丑角角色。

三、会规

会规是一个会的运作制度，无论是入会还是出会，都有会规对会员的行为进行约束。会规既包括葛沽宝辇花会期间的会规，也包括各茶棚宝辇的会规。会规的目的是劝善、互助、友爱、禁忌，体现了地方性的价值观念和规范乡民的行为方式，积习成俗。如此，得以维护各茶棚的传承和稳定。葛沽花会每年的活动方案中，都明确写着，各会在出会期间，都要坚决服从大会指挥部的统一指挥，注意防火和安全，避免演出中的摔、扭、碰伤，演职人员要文明、礼貌、谦和、礼让，保持会与会之间、演员与观众之间的和睦团结。凡酗酒者，一律取消演出资格。村落之间的社会关系以及茶棚与茶棚之间的社会关系通过交往礼仪得以彰显，从而建构一种抽象的社会秩序和神灵谱系。通过葛沽宝辇花会仪式，也建构了人和神之间的互惠关系，神灵通过人们的祭典赐福，而人们也通过祭典蒙福。

1. 出会期间的会规

抓阄排档。各会出会的顺序和位置由抓阄决定。进宫时，各辇在广场上的位置由抓阄决定，宝辇茶棚的天后娘娘宝辇则是例外，从来都是在中间的位置，以显示天后娘娘的尊贵地位。

出会时，要求会员不喝酒、不抽烟、不说杂话，表示对神的虔诚。更不许吃会、拿会。西茶棚会头讲小时候母亲许下的愿，“我儿子玩会不吃会”，所以他从来没有在会里吃过饭，远近闻名。现在每个茶棚都讲究接驾结束后要请抬辇人员吃饭，正月十六晚上吃元宵。出会的不要工钱不要月钱，完全是尽义务和责任。

宝辇在出会时，抬辇的姿式、步伐、起落行止，把持的号子，都有严格的统一规矩和指令。

接驾会道上，谁也不许超越，不准中途退场，要善始善终。营房茶棚的会员说：

玩会的时候就要遵守会规。比如出会的时候一定要穿好衣服（辇子衣），辇代表的是葛沽的形象，你既然要玩儿这个会，就要遵守这个会的规矩。接驾是一天一夜，要是一个会出在半道上了，哪个会也不敢惹惹，不能瞎咋呼。[1]

香斗茶棚老会员张金发回忆：

我爹出会不是为了要钱，而是为了给孩子治病，许的愿上会。出会时，小孩子饿得快，我爹自己买点吃的栗子嘛的放到口袋里，我饿了让我吃几个，告诉我不能吃别人会上的点心。[2]

2. 各茶棚会规

“不懂会规，不能乱操旗杆”，这是葛沽流传的一句俗语，意思就是说凡事要循规蹈矩，遵守会规。正月设摆期间（从开茶棚门到正月十五）每天晚上，各个茶棚要互相拜会（天后宝辇除外），每个茶棚派6到8名孩童提着挑子灯在一位年纪稍长并且懂会规的会员带领下，前往其他茶棚拜会，呈上会帖，互道辛苦，之后再去其他茶棚拜会。耍乐会要拜茶棚换帖，近些年来，踩街的耍乐老会，如有原因不去茶棚了，会帖必须到每个茶棚，各座乐会、耍乐会的会帖都到了，才能落灯（灭灯）。天后宝辇则无需给其他茶棚拜会，其他茶棚来天后宝辇拜会互换会帖即可。

出会正值过年期间，难免喝酒，但是喝酒容易出事故。所以，抬撵人员喝酒被严令禁止。抬辇时也不可吸烟，只有在抬辇间歇，抬辇人员方可吸烟。

茶棚的东西是公共财产，只能放在茶棚中，不能拿回各家中存放。

3. 耍乐会和座乐会

葛沽花会以宝辇为主，所以，耍乐会和座乐会之间有严格的会规。自

1. 2013年3月笔者对营房茶棚会员的采访。
2. 2013年3月22日笔者对香斗茶棚张金发的采访。

正月初二开始，耍乐会就陆续开始踩街，各会除了拜桥、拜庙、拜会所之外，会与会之间也相互拜访，和谐相处。

耍乐会要向座乐会拜会，座乐会无需向耍乐会拜会。耍乐会踩街时，路过每一个茶棚，必须去茶棚里拜会，呈上会帖，互道辛苦。

各会在会道相遇，要按照会规互换帖、让道、超越。如果座乐会和耍乐会相遇，两者互相拜会，耍乐会要闷点停止表演，并将手中的家伙（表演器具）双手举起，表示敬意，双方会头互换会帖并行礼，等错开一段距离后，才能再继续行会。如果有一方沿街休息，遇有来会拜会，则需互相交换会帖行礼。如果行会时，前面的会行动较慢造成压会，该会应向后面的会道歉并将该会及时带走。

如果座乐会和座乐会相遇，也要停止表演，并将手中的家伙（表演器具）双手举起，表示敬意，互换会帖，然后再继续行会。如果互相不避会，容易出现欺会和砸会的情况。

现在因为葛沽镇政府给的表演时间较短，每个花会的表演时间也相应缩短，所以，耍乐会之间有时会为了争取更多的表演时间而发生争斗。

不仅是座乐会和耍乐会要遵守会规，所有参与花会活动的安全工作人员也要佩戴标志，定岗定位，服从命令，听从指挥，严格按照方案履行职责。

花会期间，要做好各种应急准备，防范观众拥挤混乱、发生火灾、停电，政府要组织各种安保人员与消防急救设备：武警官兵80名、公安干警100名、区应急分队20至30名、医生4名、电工6名，消防车1部、救护车1部、发电机1部、汽灯20只、氧气袋2只、担架2副。可见，葛沽宝辇作为公共性文化遗产，日益成为政府和民间共同参与的一项文化活动。

出会期间，要做好防火准备，以前是水会，现在则请消防队负责消防安全

四、会与会的交往

1. 会帖

花会在宝辇入棚后，每天下午和晚上都要前来拜辇换帖以示敬意。每个茶棚都有印戳，一般写茶棚的名字加上全拜二字，用黑色的印油盖在红色的纸上，即为会帖。

各茶棚会帖

2. 耍乐与座乐以及各茶棚的交往

耍乐会向座乐会拜会。只有在正月接驾时，进入会场后，耍乐会不必向各个茶棚祭拜。在广场耍一会儿，再接着去下一个茶棚，因为老百姓大多数在茶棚候会，每个茶棚都得转过来，一个不能落。

茶棚的主要功能有四种：（1）出会期间展摆宝辇及其他时间储存宝辇之所；（2）供葛沽宝辇祭祀活动期间香客歇脚饮茶的地方；（3）信众顶礼膜拜焚香祷告之场所；（4）元宵节（灯节）人们观灯之去处。各茶棚之间互相独立，只有在表演时才聚合到一起。按过去说，以前的辇路过茶棚，必须和茶棚对个面，再换帖。正月十六接驾，东中街茶棚会路过北茶棚、阁前茶棚、宝辇茶棚、西茶棚这些在老会道上的茶棚。要把辇对着他们的茶棚，打杵，换帖后一转圈才走。但是各茶棚具有等级之分。天后宝辇地位最高，因此其他各辇要接驾天后宝辇。香斗茶棚供奉的痘疹娘娘是天后宝辇大奶奶的服侍丫头，地位最低，不需要抓阄，在设摆中处于最靠边的位置，天后宝辇行会时，香斗茶棚在天后宝辇前行会。其他各辇则地位相对平等，都需要抓阄排档。

东茶棚，建于明嘉靖十五年（1536），位置在葛沽巡检署大门前东侧。万历十六年（1588），第一驾辇做成后，于次年将东茶棚搬到顺河大街以东的海河沿上，顺河大街消失后，东茶棚又迁至花神庙大街，位置在吴家桂华堂以东。花神庙大街消失后，康熙十五年（1676），又迁到北大街东大桥附近。在东驳盐沟的河面上铺木板搭成水榭式。东茶棚之所以要建在水的上方，是因为东茶棚供奉海神娘娘，茶棚下需要有活水，还要有鱼和虾。康熙三十三年（1694），圣祖皇帝在葛沽检阅宝辇，东茶棚楹联改为：

东桥水榭救难济舟日旌夜照二龙戏珠慰前廷

虔诚花门祥光吉照普天同庆护海围屏庆康宁

横批：圣寿无疆

其最初的楹联为：

（一）

海不扬波神功远届江天外

民皆安堵坤德常存泽国中

（二）

狂风巨浪千帆过

慈航普渡救四方

横批：五谷丰登

东茶棚后又搬到东白衣庙附近。茶棚分前后两庭，门前两侧大型銮驾护栏各一个，棚顶悬挂吉顺三号赠送的角质泡筒落子灯一个，左右分别悬挂玻璃和纱绢的宫灯两挂。进到内庭，中间摆放宝辇，辇前陈设茶炊子，左右两边分别陈设阴阳执事。所谓阳执事是木制品，主要在白天使用；

东茶棚会址

阁前茶棚和天后圣母茶棚并列在一起

西茶棚会址

北茶棚会址

香斗茶棚会址

营房茶棚会址

东中街茶棚会址

阴执事主要在夜间使用，用角质灯造型。辇驾前设香炉，辇旁立彩绣黄罗伞，由田进三敬赠，上贴“圣寿无疆”四字。辇后则摆设围屏，围屏上方的玻璃框罩绘绢画一组，内容是海神娘娘救船于危难之中。围屏亦是描绘海神娘娘海上救难的功绩。棚前则彩旗飘扬，法鼓高架。

东茶棚现坐落于葛沽东头南大街南侧。棚内摆放着围屏。盘柱二龙盘旋升腾栩栩如生，龙头探出扑向一珠，即为二龙抱珠灯。茶棚内放置奉纳船、众多的妈祖分身像、妈祖的守护神千里眼和顺风耳，还有海亭、阴阳执事。

天后宝辇茶棚早年在马号店设摆，后移到二府衙门大厅内常年设摆，这是旧时“公地”，即旧时政府所在地，1922年此辇迁至葛沽商务会大殿内常年设摆。春节灯节期间，宝辇在殿内设摆，院内高搭彩棚，悬灯结彩，以“十三火”为独有的灯具，陈设阴阳执事，銮驾护栏。解放后，宝辇与其他辇混合在一起搭棚，1987年在镇东门外殷庄小学操场搭棚，左右由营房茶棚、东茶棚陪衬。1988年在西大桥侧扳钳九厂门前搭棚。1989年在娘娘庙东侧吴茂山家胡同口，坐南朝北搭棚。2000年左右，在南大街上建造固定的茶棚，与阁前茶棚并排，坐南朝北搭棚。

西茶棚建于明崇祯元年（1628），位置在西白衣庙以南，乾隆元年（1736）建财神庙后，搬迁至此。乾隆三十五年（1770），搬至海神庙。民国初年，又迁到葛沽镇内。2000年左右，建造固定的茶棚，茶棚楹联：

观天下事太平应思德化绩

渡世间人安乐当怀积善心

横批：裕民同乐

阁前茶棚坐落在慈云阁前，是一座以庙宇命名的茶棚，起源于明代后期，是当时慈云阁市场摊贩们搭的买卖棚转变而来。随着海河水对南岸的冲刷，搭入河中，曾为水榭灯棚，坐西朝东。农历九月初九慈云阁开庙门，会在庙前搭棚供香客休息。康熙八年(1669)，由葛沽后八家之一郭家出资造辇，建阁前茶棚。解放后迁到“福利”杂货店与焦恩锡水铺之间，与天后宝辇并列棚内，坐北朝南。2000年左右，在南大街上建造固定的茶棚，和天后宝辇茶棚紧紧相临，坐北朝南。茶棚楹联：

炎黄子孙华夏后

神州玉女另传人

横批：福佑子孙

北茶棚建于康熙十五年（1676），最初茶棚位置在北大桥旁边，光绪初年移到山奶奶庙，1988年迁至山奶奶庙沟东黄家园郑凤明家门前，坐北朝南。茶棚楹联：

岱岳崇高翠盖霓旌映旭日

元后威仪朱幡王节着彩霞

横批：泰山圣母

香斗茶棚始建于乾隆十二年（1747），最初位置在二府衙门大桥东口南侧，茶棚坐南朝北，法鼓设在茶棚路北。茶棚楹联：

宝豆匀喜个个脱胎换骨

天花消散家家玉树成林

横批：香斗茶棚

解放后香斗茶棚曾迁至宝兴恒西侧盐店胡同，搭南北口过街棚，辇坐东侧，是葛沽过街棚历史最长的一个。刘家瓦房资助了本驾宫灯，加上宝兴恒店铺韩宝卿的添置，整个棚吊灯最多。1963年与阁前、宝辇、香斗、海亭四座一起移向宝兴恒北侧联合搭棚，很是壮观。2000年左右到现在，其位置在南大街靠北的地方，坐西朝东，茶棚旁边有一间屋子，专门用来放置娘娘的佛龛。

营房茶棚建于清嘉庆元年（1796），最初位置在营房十字街，旧时洛阳桥旁边，东西开口的过街茶棚，营房宝辇与表亭设摆在北侧，法鼓架设在西口南侧。棚顶有灯，两门结彩，辇后设有围屏。1988年茶棚南迁至营房水坑球场，坐东朝西，因为两辇并放，所以茶棚最大，前面有表亭引驾。此茶棚现在会址是葛沽镇一村劳动道，原名营房道，所以一直沿袭旧有茶棚名称，茶棚楹联：

春风拂津门山河增瑞

喜雨润故里大地生辉

横批：万寿无疆

东中街茶棚，最初为萧家茶棚，原位置在葛沽巡检署东侧，萧家胡同口北端。嘉庆四年（1799）乾隆皇帝驾崩，萧家把匾藏起，从此有了葛沽第一家私有茶棚。第一位会头叫萧肃，是葛沽文人萧凤巢的父亲。嘉庆九年（1804）正月初八，风吹倒辇上的蜡烛引起火灾，损坏严重。萧家茶棚找到葛沽巡检署，萧家退出对该茶棚的管理，因萧家茶棚坐落于东中街上（从现在北茶棚往东到东菜市这段街），就将之命名为东中街茶棚。20世纪80年代迁至前街新菜市葛沽糕点厂东侧，坐北朝南。茶棚楹联：

法驾遥临星月交辉元夜景

鼓乐齐奏神人共悦太平村

横批：万寿无疆

历史上还曾经有天一茶棚，20世纪40年代葛沽大辇世袭会头朱玉文，家住镇西海神庙附近，又是西沟脚行头目，计划自立门庭创会，在海神庙附近立辇起会。得到附近成茂、玉丰两家店铺等富贾人士的支持。但是由于日军侵华时局不靖，起辇未成，只在出会观灯时间，在海神庙前借天一水局名称搭设灯棚，悬灯结彩，棚中陈设字画，摆设茶水。

葛沽是书画之乡，这种书画传统也体现在各茶棚的装饰中，各茶棚喜欢在棚中陈设字画，并且墙壁上也绘满了图画。同时，各茶棚还喜欢在茶棚里悬灯结彩，这也是一种传统。

五、会与民商的关系

葛沽自古就是贸易集散地，从商者多。元代葛沽四大家有：渔行高家、船坞王家、盐商高家、烧锅李家。葛沽前八大家是明代万历十年（1582）由葛沽巡检署评选而出，他们不仅资金雄厚，而且义举很多。瑞德祥姜家，曾出资首建葛沽玄帝庙和观音阁前的牌坊；百乘顺曹家，曾出资修缮马神庙；锡裕泰李家、亨享福苗家，经常救济当地贫民；汇鑫源史家，曾出资修缮葛沽九桥和庙宇；还有畅兴达赵家、益咸宁周家、永善和乔家。后葛沽巡检署又评选了葛沽后八大家。葛沽的这些富绅对于当地的花会多有支持，葛沽花会之所以如此品种繁多，和富绅的支持密切相关。

葛沽前八家在葛沽下司衙门前各搭大棚斗富。锡裕泰李家败下阵来，无意中看到艺人韩冰雕刻的高祖龛位，甚是精美。于是再次斗富的时候，便用了这龛位。后将此作为东茶棚大辇的辇龛，后八家中的张家仿照五佛冠作了辇顶，八大家之一赵家又做了辇座。葛沽书法家李振鳌《葛沽杂吟》中有一首写东茶棚宝辇：

张顶赵座李家龛，精心雕琢几度翻。
茶棚数代享座乐，迎驾圣祖始跑欢。

海亭，清康熙三十三年（1694），由葛沽后八家之一吉顺张家绘图研制这驾辇舆，上面写有“海不扬波”。另一种说法是康熙三十三年，皇帝到大沽口探海，在葛沽检阅宝辇，葛沽人为了纪念皇帝探海，制作海亭。田野调查中，更多的宝辇艺人认为，海亭是海神娘娘在海上救苦救难时歇脚休息的地方。海亭灯棚最早与宝辇在娘娘庙后赵家胡同南端马号店搭棚，西侧为存放宝辇、灯亭的库房，用时为殿堂，马号店西房大厅柱上，曾有直隶总督方观承书写的“安乐乡依然安乐，太平庄仍是太平”。1930年以前，在庙前烟花场东侧双合旅店处搭设灯棚。棚内悬挂宝辇的各种灯具道具，解放后迁至庙前邢家门前搭棚。1963年与阁前、香斗、宝辇一起搭棚，1988年迁回原娘娘庙。2000年左右，和天后宝辇茶棚同时建成，这二者其实存放于一个茶棚。

灯亭，清康熙三十六年（1697）制作，因为天后宫内妈祖神像前有海灯，灯火常年不灭。葛沽有辇后，庙中的海灯不能伴驾，所以，就制作灯亭，代替海亭同娘娘一起出巡。还有一种说法是，葛沽后八家之一兴发堂赵家，靠养船起家，有一次，赵家“海宁号”货船在海上行船突然迷失了方向，忽然出现了一束明亮的灯光，指引他们。因此，赵家为海神娘娘制造了灯亭。田野采访中，当地人多认为灯亭起到的作用就是航向标。

现在仍是如此，茶棚背后的资金支持尤为重要。现在为了筹集资金，每年的正月十六接驾前，如正月十二或者正月十五，一些茶棚就会受商家邀请出会，商家会给两三千元的费用。有些规模大的公司甚至每年都会邀请所有的茶棚出会，已经成为一种传统和习惯。有的时候，也会接受一些葛沽以外的商业邀请，但是这种情况并不多。一般只在正月里出会，除此之外的日子出会较少。

西茶棚会头杜家路说，西茶棚一直是坐会，从不出去敛钱去，就是因为背后有商家支持：

> 西茶棚背后有大款们支持。最大的大款叫刘学仁，现在得上亿了，人家支持，找他要二万不给一万九。咱们出会的资金来源有一部分就是信众捐钱，另一部分是有钱的人捐钱，政府给两千多块钱。除了正月里接驾之外，其他日子不出会。我们正月里也不受商家邀请出会，我们不干那事。我们有大款们支持，钱够了，就不满处要钱去。[1]

在正月十六接驾当天，有些酒店还会给茶棚提供免费的午餐或者晚餐，以表达对娘娘的敬意。

1. 2013年3月29日笔者对西茶棚会头杜家路的采访。

第三章
程式与技艺

葛沽镇的群众文化活动，解放前由当时的商务会主持。解放后，商务会消失，随着1950年葛沽镇文化馆的成立，此后的各项文化活动均交由文化馆负责。葛沽宝辇会作为葛沽镇一年一度最为盛大的民间花会，在其数百年的祭典活动中，逐渐形成了一套约定俗成的程序与相对固定的表演程式。

一、表演程式

1. 宝辇表演仪式

接驾是葛沽花会活动的高潮。近年来将贯通老镇区的南大街、东大街规定为花会表演区。具体的界线为：南大街，东起南大街与东大街交口，西至葛沽西茶棚；东大街，东起南大街与东大街交口，西经民俗中心，南至解放道与南大街交口；主会场

阁前茶棚宝辇（近）和天后宝辇（远）对脸，以示尊敬

在南大街自来水厂住宅楼前广场。每年正月十六中午十二时左右正式开始（旧时为正月十八），各耍乐会、座乐会依据到场顺序，由总会头挥旗和喇叭传叫。各会分头进入会场并进行踩街表演，随后按事先抓阄顺序，沿会场南侧就地休息，等候各辇入场挂号。

根据抽签顺序，各辇依次入场进行踩街表演。总会头传叫各辇上场，本会会头领衣筐、茶饮、门旗、法鼓、执事人员入场，等候本辇入场。本辇由日罩领路，跑落入场并做造型跑落后，跑到自己的前场处，转向朝南落驾。一时鼓乐齐鸣，各辇依次在辇位落驾，喧闹一时，前六驾辇一字排开，中间留有宝辇空位。东侧为一、二、三会，西侧为四、五、六会。不同的宝辇因为其历史沿革、经济实力等因素的差异，其仪仗执事与排场不尽相同。曾经出现最早，并在近年来显示出较强经济实力的东茶棚，其仪仗执事有提灯、提炉、金瓜、钺斧、朝天镫、龙棍、引凤扇、小旗、串灯、海八宝等等，而经济实力较为一般的茶棚，其排场则相对简单很多。

因为当地有着“以天后宝辇为尊”的传统，天后宝辇并不需要抽签，历次出会时均排在最后一位出场。首先香斗茶棚引驾登场，并落驾在西侧，形成东三西四阵容。据当地人口述所得，香斗茶棚供奉的痘疹娘娘为天后圣母的丫鬟，故香斗茶棚为天后宝辇引驾。随后海亭入场，并伴随有大型仪仗继而由清音筛锣开道，专门为天后宝辇吹奏的升平民乐为之伴驾，并有一名年龄大约七八岁的孩童，身着清代皇帝锦袍，身后背着一枚金印，骑着骏马，由马童带领走在宝辇之前，日罩引行宝辇跑落入场，有时也稳步入场，以展庄重威严之态。天后宝辇落驾在“八辇三亭”的中间位置，比诸辇稍前半头以示尊崇。

2. 跑落阵形

葛沽宝辇除天后宝辇不进行跑落表演外，其他各茶棚的辇都要进行跑落表演。其跑落的阵形一般有：直线、大圈、“8”字、捻捻转（打转盘）、一条龙、三角等。

直线：此阵形通常用在跑落开始阶段，走或跑，天后宝辇只走直线。

“8”字：跑落表演中的一种花式，由前把持操控，通过喊口令“尾带左手”和“尾带右手”等带领辇夫跑出数字“8”的阵形，“8”在中国为吉利数字，其谐音为“发”，取发财之意。

龙蛇形（一条龙）：跑落表演中的一种花式，跑出如“S”一般的形状，形似龙蛇。

捻捻转：也称360度捻捻转，跑落表演中的一种花式，反复转圈跑出圆形花样。

三角：跑落表演中的一种花式，在前把持的带领下跑出三角形阵形。

3. 升平民乐

旧时，正月十六当天葛沽所有辇座会齐聚娘娘庙前广场，依次排开，待天后宝辇最后进场时，由庙里的和尚与居士吹奏清音（即笙、管、笛、箫）迎接天后圣母大驾进宫，各道花会轮番在庙前表演。新中国成立后，庙里的和尚还俗，清音也随之解散。随着时光流逝，这种以工尺谱记谱的佛教音乐（即庙里和尚吹奏的清音）几近失传。为了继承发扬非物质文化遗产，也为抢救和传承佛乐文化，1988年春，由葛沽镇居民郭永祥、齐文举提议，在齐洪明的资助下成立了升平民乐，寓意国泰民安、娱乐升平。原天津大悲院乐师张玉洁亲自传授四大佛教乐曲，并言传身教，耐心指导，每年春节都来葛沽参加庆典活动。后由张金声传授笙的吹奏方法和技巧，并将一些民间曲目编写为两种记谱方式（简谱和五线谱）以利人们对照学习。

升平民乐作为天后宝辇的前场，自成立之初即承担起为天后宝辇吹奏的重任，填补天后宝辇法鼓伴驾的空缺。升平民乐的乐器包括了清音中的笙、管、笛、箫，因为其会员大多有着敲法鼓的底子，也有鼓、钹、铙、镲铬、铛铛这五种法鼓乐器，平时也会演奏一些法鼓歌子。其中，管子分大宫调与小宫调两种，在当地俗称为“大嘴儿”与“小嘴儿”。大宫调主要以佛教音乐为主，小宫调主要吹奏道教音乐、民间小调、民歌。常吹的曲目有：

佛教音乐：《雁过南楼》《倒提金灯》《兰花指》《行道章》《金镏锁套十番》《娥浪子》《观世音赞》《大慈大悲观世音》《一声佛号一身心》《阿弥陀佛圣号》等。

道教音乐：《四尚佛》《朝天子》《小白门》《小开门》《金镏锁》《苏武牧羊》等。

民间小调及歌曲：《拧小绳》《放风筝》《纺棉花》《紫竹调》《步步高》《五梆子》《翻身道情》《跑旱船》《闹元宵》《绣金匾》《锔大缸》《济公》等。

戏曲：《花为媒》选段、《大登殿》选段等。

除此之外，升平民乐在出会期间也会演奏一些法鼓的曲目，如《双桥》《反双桥》《瘸腿》《反瘸腿》《单对联》《五凤楼》《十二连灯》《四不相子》《一章金》等等。

在行会的时候，升平民乐处在天后宝辇前场的中后部，清音筛锣之后，背印童子之前。就升平民乐自身队伍而言，所有乐师身着统一的服装，如为保持传统而穿着僧袍，为迎合喜庆的氛围穿着唐装等等。吹管子的乐师通常走在民乐队伍的中间，吹笙的乐师在其两侧，后面是吹笛子的乐师，而打鼓和敲镲铬的乐师则走在民乐队伍的最后。对于笙来说，通常情况下需要四串笙共同演奏，而如果当年出会时会员较为齐整，人数足够，可以六串笙合鸣。

现阶段升平民乐人员组成为：

管子：郭永祥、王玉祥、苏传来、曹栋林

笛：杨茂祥、苏传德

笙：张金声、唐志强、朱宝坤、孙振虎、季秀来、苏传来、曹栋林

司鼓：杨茂祥

铙钹：唐志强、齐文举

自1988年升平民乐成立以来，历年出会的会员一直十分稳定，通常

1. 吹笙
2. 在会所练习
3. 敲云锣
4. 吹管子

都会放下手头工作出会表演。只是，二十多年来会员数并未有过明显的增长，当初拜师的几人至今仍然是民乐队伍的中流砥柱，许多老会员相继故去。现在的会员年龄大多在五六十岁，七十岁以上的有两位，最小的有三十多岁。会员们很想将升平民乐传承下去，也曾在网络上发布相关信息试图招募新会员，只是响应者寥寥。现在的会员尚可以支撑起民乐，数年之后如果仍然维持此种情况而得不到改善，升平民乐也将面临传承危机。

4. 法鼓

法鼓是庙堂之音，法堂常设二鼓，是僧侣诵经时常敲之鼓，以鼓声喻佛法，可以诫众进善。“清音法鼓老会最早为葛沽娘娘庙内的重型法器，用以宣扬佛法，诫众进善，击鼓扬声传播法音，使众生能够听到。”[1]法鼓在一般情况下不出庙堂，庙内有大型祭祀活动才移到院中进行击打，娘娘出巡，法鼓才头前伴驾走出山门。法鼓在民间流传，逐渐发展成五种乐器敲击的音乐，钹、铙、鼓、铛铛、镲铬，五音俱全。民间法鼓分为文法鼓和武法鼓两种，武法鼓主要表现在上擂时有各种飞钹、飞铙的动作，文法鼓则肃穆威严，一般坐着敲，上擂的时候站起但没有飞钹、飞铙的动作。旧时商家也多引以为用，一是可以吸引顾客，二是可以自娱。

葛沽法鼓除早年营房茶棚为武法鼓外，其他茶棚都为文法鼓。从音韵方面可分为五音法鼓、清音法鼓、京音法鼓、雅音法鼓等。据葛沽一代法鼓宗师张六卿说，葛沽先有辇后有鼓，用鼓为辇引驾，各辇行会时需要跟着法鼓的鼓点行会，庄严肃穆，节律有秩。因此每座辇前都有法鼓，法鼓是各辇的前导，也是各辇的仪仗执事。法鼓在辇会中称前场，共七驾，因为天后宝辇为清音大锣开道，辇前法鼓统称为驾前法鼓。各茶棚法鼓历史名称如下：

1.《千年古镇葛沽》，第98页。

东茶棚	清音法鼓
西茶棚	清音法鼓
北茶棚	五音法鼓
阁前茶棚	京音法鼓
营房茶棚	五音法鼓
东中街茶棚	驾前法鼓
香斗茶棚	雅音法鼓

法鼓演奏主要分设摆和行会。设摆是在茶棚前或茶棚内演奏，行会是在会道上演奏。法鼓一般是坐在椅子上敲，各辇在会场设摆时，辇前放两排长凳，法鼓队员坐在凳子上进行表演。鼓在中间，鼓两边为敲镲铬者和敲铛铛者，凳子左边坐着敲钹者，右边坐着敲铙者。通常有鼓一面，钹、铙数对，铛铛两个（营房茶棚武法鼓有四个），镲两个。上擂时，敲钹者和敲铙者要站起来，这是法鼓最为激烈的时刻，节奏欢快有力。一般情况下，法鼓要一直敲到宝辇结束时为止。宝辇设摆时，法鼓坐在宝辇前坐敲。宝辇行会时，法鼓在宝辇前行会，行进中只有鼓、镲铬、铛铛敲击，抱铙人员则怀抱乐器随辇而行进。如有耍乐会拜辇或灯挑互拜时，必须立即停音。这时候法鼓会敲击出“经恰经恰、经恰恰经恰经经恰”这样的一段旋律，而后停止演奏，称之为“收点”。但是，在“收点”之前，正在演奏的曲牌需在某一段演奏完成后方可结束，不会戛然而止。

法鼓名称以纛旗昭示，横额为某某茶棚，竖款为某某法鼓。法鼓四角插立杏黄小旗，前面是门旗两面，还有许多会员手拿小会旗维持秩序和场面。晚上则有灯挑，有的法鼓还有灯图，全部是角质灯，可点燃蜡烛。另外，还有持凳者几位。传统上，法鼓敲击人员也可以换几番，但是近年因为人员缺乏，一般都是一番，有些茶棚甚至出会时已经不再邀请人敲法鼓。所以法鼓队员一般也都不固定。虽然各茶棚都准备有法鼓表演的器

茶炊子表演

具，可是法鼓表演人员并不好寻找。法鼓的演奏需要较长时间的训练，诸多茶棚的会员也都反映，现在并没有人愿意练习法鼓，目前继承得比较好的也仅仅只有香斗茶棚、西茶棚、营房茶棚的法鼓而已。

法鼓演奏的指挥和协调全靠司鼓和头钹、头铙演员。速度、长短音、收点、放点、轻重音等等环节全由司鼓、头钹、头铙动作示意，才能形成一致的动作、齐整的韵律，并且富于变化。头钹的信号至关重要，而头铙和司鼓则要时刻注意头钹发出的信号，做出相应的配合。另外，司鼓在演奏的期间，根据曲牌的变化，可以适当地加点、领点、节点。也就是说，司鼓可以定夺转折关键要领，对于演奏的成功有着举足轻重的作用。而镲铬能起到区别单拍和双拍节的作用。至于其他的演员则处于协从地位，必要时要给以补衬。

在过去，葛沽法鼓可以熟练演奏的曲牌有四十余支：《龙须》《反龙须》《瘸腿》《反瘸腿》《双桥》《反双桥》《老喜报三元》《新喜报三元》《三环套月》《反三环套月》《相子》《四不相子》《五凤楼》《反五凤搂》《五鬼闹判》《八仙过海》《一柱香》《一章金》《十二连灯》《鼓边》《乱鼓边》《狮子滚绣球》《反狮子滚绣球》《单对联》《双对联》《单展翅》《双展翅》《龙虎斗》《老河西》《新河西》《反河西》《双河西》《九狮图》《连珠炮》（也叫《连卒炮》）《节节高》《新点》《阴阳表》《叫门》《上擂》等。而如今，因为法鼓演奏的现状并不好，许多较为复杂的曲牌已经失传，或是无人能够演奏，较常演奏的曲牌仅有当地俗称的“老五套”。

5. 其他表演程式

在旧时，葛沽宝辇会在出会前后有诸多的习俗与禁忌，只是随着时间的推移或是时代的发展渐渐退出了历史的舞台。

以前出会，娘娘庙前还要燃放盒子灯。葛沽花会在道光初年以前，接驾日是正月十八，后改为正月十六接驾，就是为了过元宵节。放盒子灯前，先用绳把它扯到娘娘庙山门前的旗杆上，由庙中的僧人放二踢脚炮召集众会，聚齐后，才能放盒子灯。盒子灯由竹篾子做框架，有好几层，每一层都是一则小故事。如王大娘锔大缸、小媳妇钻面缸等等。盒子灯一般由本地扎纸彩的艺人来扎。扎盒子灯的费用，则是由葛沽几家有钱的富户出资，如苏家、刘家和郭家。放盒子灯时，各道法鼓也要去，敲一个歌子上播，比谁的家伙响，比谁的鼓响。

旧时还有葛沽水会，由巡检署公办，后改为民办义务性的消防组织。共有五个水局，分布在镇内的东西南北中，这五个水局中以“善”字命名的多，所以就称五善水局。水会人员一般是葛沽码头上的脚行工，脚行锅伙义务性地负责五个水局。所谓脚行锅伙，是指脚行工人经常在一个锅里吃饭，所以，脚行组织也被叫做脚行锅伙。每年葛沽宝辇出会，水会必参会，保护宝辇顺利出行，如果有火灾，立马出动，水会甚至还会抬着水机子进行表演。随着现代消防系统的出现，现在出会多由消防队出动消防车进行维护。

二、角色

宝辇跑落由十一人组成，一人举着日罩在辇前两米处做引路前导，被称为“舞日罩者”。其余十人抬辇，抬辇人中，前把持、后把持各一人，他们是跑落的指挥者。其他八位抬辇的人被称为辇夫。杠头与前辕子各两人为前辇夫，催尾与后辕子各两人称后辇夫，全体辇夫均用外肩抬辇，杠头执行把持的信号，前辕子把握住辇杆，后辕子掌握辇的方向及倾斜度，催尾推动全体向前跑。 抬辇要求“前大后小”，前面是大肩，后面是小肩，前面统一用右肩抬辇，后面都用左肩抬辇。过去抬辇讲究“穷人的腿，富人的钱”，富人多资助宝辇，而抬辇的大多是有力气的穷人。但辇上并不随便搁人，不行的人绝对不要，十一个人多一个也不行。另外，还需要四位拿小凳子的人，以及一位负责将阻碍宝辇行进过程中出现的障碍物清除或架起的帮手，主要是拿特制的叉子，在遇到上方有电线时挑高一点，让辇顺利通过。因此整驾宝辇，其实共需要十六人。在过去，抬辇是一件神圣的任务，辇夫都是经过精挑细选的。屠宰户、不孝顺的人以及流氓、混混，甚至是家里有白事的人都不能抬辇。如今，抬辇的人比以前少了很多，有的茶棚每年都需要雇佣大批的人员来抬辇，因此限制也就相应减少了许多。

1. 把持

把持分前把持和后把持。前把持站在辇的前面，前把持个头需要比辇夫高，前面的辇夫个子也要比后面的辇夫高，而且个子最好比较均匀，这样，整个辇才比较容易保持平衡。前把持的选择标准也十分苛刻：第一，身材要高，否则一来不能使宝辇看上去有威严，二来也难以控制好整驾辇的方向。第二，一般会选择有着丰富抬辇经验和阅历的人担当，而且一旦选出来也不会频繁地更换。第三，声音要高亢嘹亮，头脑清醒，反应灵活。前把持的各种口号既要让辇夫们知晓，更要让观众听到。把持架着大杠，负责操控宝辇的启动、变向与急停，尤其是前把持，需要对行进过程中的各种路况进行预估，并通过各种口号领导后把持与辇夫，使宝辇能够顺利前行。后把持站在辇的后部，需要听从并重复前把持的号令，同时保持与前把持相同的步调，控制并保持宝辇后半部分的平稳，必须是既有体力又熟悉技术的高手。

历届各茶棚把持人员如下：

东茶棚：邓德发、马文明、马田、徐善德、张金保、马兆昌、马兆盛、张维芳、徐马发、杨玉德。

东中街茶棚：崔德林、袁凤亭、傅玉田、李树林、傅金奎、傅连升、杨润三。

北茶棚：胥凤楼、张景武、王宝林、周伯礼、王乘海、苏传和、周凤祥。

营房茶棚：刘三德、季永贵、闵四爷、崔庆有、季宝贤、任德林、呼宝山、季凤歧、王怀庆、徐玉良。

表亭（营房茶棚）：刘起、季宝明、何仁义、焦少章。

海亭：黄兆林、王海亭、黄凤桐、毕廷仁。

西茶棚：张富亭、刘玉柱、张仲山、刘富言、杜家春、刘富春、李恩熙、杜家禄、刘凤祥、刘连城、赵玉清、张砚池。

香斗茶棚：胡锡春、姜玉林、王宝斌、王玉林、王金海、安振五。

阁前茶棚：杨少卿、潘万卿、杨景泉、史玉明、杨少元、潘少义。

宝辇：杨国荣、王玉斌、傅连升、张贺年、郭继凯。

2. 舞日罩者

日罩的作用是为供奉的娘娘遮日挡雨，舞日罩者走在跑辇队伍的最前面，将日罩背在背后，根据前把持的口令或走或跑。实际上，在过去的时候，并不允许舞日罩者转动日罩，但如今已没有如此严格的规定，为了增强观赏性和趣味性，几乎所有的舞日罩者都会边跑边舞动日罩。

3. 辇夫

辇夫共有八名，两人为一组，从前向后依次名为“杠头”、“前辕子”、“后辕子”、“催尾”。辇夫需要听从前把持的号令，根据不同的指令做出抬辇、行进、跑动、转圈、停止等动作。在辇夫的选择上，“杠头”、“前辕子”需要有较高的身材，但是不能高过前把持，而“后辕子”、“催尾”则没有身高的要求。辇夫需要有很好的肩膀和腰腹，因为宝辇异常沉重，最轻的有800多斤，最重的一驾有1200多斤，这相当于一个人要扛起将近百斤的重量，若是肩膀和腰腹没有办法支撑住，自然是无法做好辇夫的。所以在过去，抬辇人多是脚行装卸工人，他们在娶媳妇、出殡等活动中都抬过轿，肩膀有力气，也有技术。后面的辇夫催尾，主要是努力弓着腰，使劲儿往前推，给辇一个往前跑的动力。后面辇夫的动作和姿势不重要。

4. 持小凳者

由于辇又高又重，辇在着地时，不能直接接触地面，以示轿辇的威仪，所以，辇的四个角在落地时，需要有四个小凳子垫在角下，作为支撑，拿小凳子的人为持凳者。当辇需要跑落时，持小凳者立刻撤走凳子，随着辇一起快跑，当辇需要落地时，则需赶快把小凳子垫上。他们都不是职业的表演者，是业余时间的一种喜好和参与，是传统村落中的一种传习习惯和传统。一般来说，持凳者都是小孩子，因为小孩子身材不高，重心较低，可以更为快速地完成弯腰、垫凳子、撤凳子的动作，在一定程度上为辇夫节省了体力。

在表演的过程中，由前把持选择跑行的路线，一般有直线、“8”字形、龙蛇形、圆形（当地人称作“捻捻转”）。在快速跑动的过程中，靠外一侧的辇夫很容易发生溜肩的情况，一旦溜肩，宝辇顷刻翻倒，会遭到

前把持

后把持

舞日罩者

持小凳者

辇夫，前面的依次为杠头、前辕子

辇夫，后面的依次为后辕子、催尾

观众与其他茶棚的嘲笑。虽说是花会表演，但是八驾宝辇聚在一起，也势必要争强好胜一番，看谁家抬辇抬得最稳，看谁家跑辇的花样最多，看谁家辇上的灯火最亮……要是出了丑，那可是件相当没有面子的事情。而要防止溜肩，除了辇夫自身需要控制之外，也需要前把持时刻注意，通过手携住大杠操控宝辇的平衡。

三、服装

各茶棚出会时，抬辇跑落的十四人均要求身着统一的服装，在当地称之为“辇子衣”或“殿子衣”。各茶棚辇子衣颜色不同，分黄、红、铁红、枣红、佛青、蓝、玫瑰紫等九种，但款式基本一致，其形制多是头戴红缨凉帽，身穿清朝样式的长袍，脚穿轿夫洒鞋。衣服由青绒布镶肩，有的镶开襟边，有的镶袖口、下沿。衣服胸前有护心的光子，所谓光子，指的是上衣中部的一个圆形标记，白底绣边，上面绣上花草、茶棚名称或是娘娘的名称。腰间的腰带分片带、绸带、布带、腰络四种，颜色与辇子衣不同。下身穿佛青色或其他颜色彩裤，脚穿半高腰青色靴，但现在对于裤子和鞋子要求并不严格。

1. 把持服装

把持的服装通常要和辇夫的服装区分开。把持的个子一般较辇夫高，并且在抬辇跑落的过程中，把持的作用非常重要，所以为了凸显出把持的地位，衣着自然不能与辇夫相同。如西茶棚的把持服装，光子上写着“把持”二字，而辇夫的服装光子上写着“西茶棚”。

各茶棚把持的服装如下：

天后宝辇：天后宝辇把持的服装以黄色为底色，衣领边为枣红色，并且在衣领边下沿处也绣有一圈枣红色衣边。光子的底色为白色，边缘处绣有两圈绿色的边沿，其中绣有花卉纹样，中间绣有蓝色的繁体“宝辇”二字。

阁前茶棚：阁前茶棚把持的服装以橙黄色为底色，衣领边为黑色。光子的底色为白色，其中绣着花卉、祥云、瑞兽，中间绣有红色的“阁前”二字。

东茶棚：东茶棚把持的服装以藏蓝色为底色，并无额外的镶边。光子的底色为白色，边缘处绣有一圈绿色的边沿，其中绣有梅花纹样，中间绣有金色的“葛沽东茶棚”字样。

西茶棚：西茶棚把持的服装以红色为底色，衣领边为黑色。光子的底色为白色，其中绣有喜鹊登枝纹样，中间绣有红色的“西茶棚”字样。

北茶棚：北茶棚把持的服装以蓝色为底色，衣领边为紫色。光子的底纹为红、黄、绿、粉四种颜色构成的民间花卉图案，中间绣有黑色的“北茶棚”三字。

营房茶棚：把持的服装以枣红色为底色，衣领边为黑色。光子的底色为金色，边缘处绣有一圈黑色的边沿，其中并无纹样，中间绣有黑色的“营房茶棚”字样。

东中街茶棚：东中街茶棚把持的服装以橙色为底色，光子的底色为米白色，边缘处绣有一圈黑色的边沿，其中并无纹样，中间绣有黑色的“东中街茶棚”字样。

香斗茶棚：香斗茶棚把持的服装以黄色为底色，衣领边为黑色，光子的底色为米白色，其中绣着双凤戏牡丹纹样，中间光子上绣有红色的“香斗”二字，腰带为绿色。

2. 辇夫及舞日罩者服装

辇夫及舞日罩者的服装大体上相同，各茶棚之间的服装以颜色相区别。

天后宝辇：天后宝辇的辇子衣以金黄色为底色，衣领边为枣红色。光子的底色为红色，其中绣有飞龙纹样，中间绣有繁体“宝辇”二字。

阁前茶棚：阁前茶棚的辇子衣以橙黄色为底色，衣领边为黑色。光子的底色为白色，边缘处绣有一圈黑色的边沿，其中绣着花卉、祥云、瑞兽纹样，中间绣有“阁前”两个大字。

东茶棚：东茶棚的辇子衣以紫红色为底色，衣领边为黑色。光子的底色为白色，边缘处绣有一圈绿色的边沿，其中绣有梅花纹样，中间绣有“葛沽东茶棚”字样。

西茶棚：西茶棚的辇子衣以红色为底色，衣领边为黑色。光子的底色为白色，其中绣着喜鹊登枝纹样，中间绣有黑色的“西茶棚”三个大字。

北茶棚：北茶棚的辇子衣以蓝色为底色，衣领边为枣红色。光子的底色为白色，其中并无纹样，中间绣有黑色的“北茶棚”三字。

营房茶棚：营房茶棚的辇子衣以深红色为底色，衣领边为黑色。光子的底色为白色，中间绣有黑色的“营房”两个大字。

东中街茶棚：东中街茶棚的辇子衣以红色为底色，衣领边为黑色。光子的底色为米白色，中间绣有“东中街茶棚”字样。

香斗茶棚：香斗茶棚的辇子衣以黄色为底色，衣领边为黑色，光子的底色为米白色，其中绣着双凤戏牡丹纹样，中间光子上绣有黑色的“香斗”二字，腰带为绿色。

3. 法鼓与吹会会员的服装

每座辇前的法鼓队员着蓝布大袍，套青马褂，戴帽头或外套恭喜帽。现在多穿戴日常生活中的服饰。

天后宝辇前的吹会（升平民乐）服装几经变化，起初是道袍，因为吹会所用乐器是道士所吹的一种乐器，是一种法器，但是会头郭永祥认为这样的服装不符合他们的身份，所以将服装改为红色的唐装，显示中国传统特色。

辇子衣，让人瞬时穿越到清代，超越了日常生活的时间和空间，使民间生活进入一种“非常”的状态。葛沽诸宝辇的服装传承的是传统的一部分，服装作为一种仪式的符号化表征，具有身体记忆和传统记忆特征。

天后宝辇把持服装

阁前茶棚把持服装

天后宝辇辇夫服装

阁前茶棚辇夫服装

东茶棚把持服装

西茶棚把持服装

东茶棚辇夫服装

西茶棚辇夫服装

北茶棚把持服装

营房茶棚把持服装

北茶棚辇夫服装

营房茶棚辇夫服装

东中街茶棚把持服装

香斗茶棚把持服装

东中街茶棚辇夫服装

香斗茶棚辇夫服装

四、号子

宝辇跑落时把持是指挥者，他通过喊号子来指挥，多用天津方言，这些号子是他们的“秘密语”，和行话略有不同，行话多为专业用语，而号子则是在演练过程中日渐形成的，只有他们行内人才能听懂的语言。宝辇跑落过程中，因为没有音乐伴奏，辇又高又大，抬辇的人前后看不见，所以把持必须用响亮的号子声起到协调统一和指挥的作用，达到统一用力和保持辇夫步伐协调一致的目的。把持的声音要洪亮，嗓子好，眼力好，能审时度势。

号子主要由前把持的“唱”和后把持的“答”组成。

跑落开始前，前把持问：齐了吗？后把持看众辇夫齐了就回答：齐了！

前把持喊“请——”，后把持答“请——”，这样把持和辇夫才抬辇开始表演。“请”表示对神的一种尊敬。

前把持喊“着肩”，后把持在前把持号子的余音中，也喊“着肩”，以指挥后面的辇夫，犹如二部轮唱。喊号子的时间长度由把持掌握，喊“着肩”就意味着跑。

不同情境下，把持喊不同的号子进行指挥。

把持喊“小步彳（chǐ）”，为小步颤着走。

把持喊“尾（yǐ）带左手”，为向右转。

把持喊“尾带右手”，为向左转。

如果地下有冰，把持喊“一溜长滑”或“长滑一溜”；“脚底滑”表示前方有冰；“下卜（bū）路”或“左右手矮脚”，则表示前方的路段坑洼不平。

如果上边有电线树枝等障碍物，把持喊“上挂云稍”。

如果左手上边有障碍物，把持喊“左上靠”；右手上边有障碍物，为“右上靠”；左手下边有障碍物，把持喊“左下靠”或“左手卧轿”；右手下边有障碍物，为“右下靠”或“右手卧轿”；如果左右上边都有障碍物，为“左右两上靠”，如果左右下边都有障碍物，为“左右两下靠”，两边都有障碍物，为“两厢靠”。当路面出现中间高两边低的情况时，把持喊“左右两卧轿”，全体辇夫做“掏辇杆”动作。

道路右边有障碍物，需要靠左边走，把持喊“左手外跨一彳”，全体辇夫做向左“外跨一彳”，喊一声，跨一步。

如果要过桥，必须跑着过去，不能在桥上停留，因为在当地人的信仰中，桥和水乃神圣之物，停留在桥上，是一种冒犯。而且桥上比较狭窄，不方便停留。

跑落表演结束或者暂时休息时，把持立即喊“打杵”，喊完后，前把持转身面对宝辇两手挽住大杆（辇杆），全体抬辇人员脚步停，辇停止前行，这时抬辇的前辕子和催尾摘下杵，四人各持一根顶在大横杠与肩杠交叉处下面，他们四人负责用食指和拇指捏住肩杠，其手掌顶住杵的上端，保证支点不移位，此时持小凳者赶快把小凳子放在辇的四角。前后把持观察而且问四个拿小凳的男孩辇下是否有凸起不平的地方，如果地不平，有可能把辇座下的弯撑顶折。过去会道多是土路，大多数路面中间高两边低。确定安全后，前把持这才喊指令“搿”，抬辇八人挺腰提脚，手扶杵的四位，才能取下，将辇安稳地落在四个小凳上，抬辇的人才能离开肩杠。过去这四个小凳上都用细绳拴着大木楔子，当辇与小凳有空隙时，将木楔子楔入。现在由于马路平坦，将楔子取消了。

五、动作

在宝辇跑落中，把持和前面的辇夫是脸面，所以对他们的要求是挺胸抬头，姿势必须端正。辇夫要求手不能扶肩杠，右手要叉腰，这样才能体现出辇的威仪。

1. 把持的动作

前把持要站在宝辇前的大杠前面，双手在两侧挽住辇杆，步伐同辇夫。拐弯时，转身面向宝辇，双手拉着大杠退着跑。

后把持则与前把持相同，但站在宝辇后的大杠后面，拐弯时不转身。

抬辇时，前把持要先对着辇，喊完口令后，再赶快转身行进

2. 舞日罩者的动作

举日罩：日罩杆背在背后，左手自然下垂握住日罩杆的下端，原地踏步或走便步。

背荷日罩：日罩杆背在背后，左手自然下垂握住日罩杆的下端，右手向后握住日罩杆的上端，走圆场步。

3. 辇夫的动作

抬辇的姿势：头要朝前摆正，挺胸。抬辇一侧的手叉腰，另一侧手臂自

舞日罩者行走在队伍的最前面

辇夫抬辇时，一般辇杆放在右肩上，右手叉腰

然下垂，随步伐前后摆动。

踏脚：在正式行走前，辇夫要踏下脚，前边的踏左脚，后边的踏右脚，这样行走起来或跑起来容易步调一致。

慢步：慢步向前走。

半蹲步：半蹲向前快走。

快步：压着脚步快步走。

掏辇杆：左肩抬辇时，右手从旁掏住辇杆往上提；右肩抬辇时，做对称动作。

波浪步。前面辇夫做快步，后面辇夫做半蹲走；然后，前面辇夫半蹲走，后面辇夫做快步。

左右倾步。先是左边辇夫做快步，右边辇夫做半蹲走；然后，左边辇夫半蹲走，右边辇夫做快步。

外跨一彳：向左或右外跨一步。

六、葛沽宝辇价值及艺术特色

葛沽宝辇的绝活儿是跑落表演时，辇夫抬轿子，要右手叉腰，手不能扶轿辇。平均每个人肩负百斤的重量，但是不能溜肩。

葛沽宝辇具有历史、美学、社会学、人类学、女神信仰研究、表演技艺、制作工艺价值等，而且仍然在活态传承。由于辇较重较大，其舞蹈特点突出在“跑”上。跑辇要求稳如泰山，上下不颠簸，左右不摇摆，前后不晃动，而且速度要快如疾风，讲究“手不扶，抬得稳，跑得快”。葛沽宝辇是目前天津市市区郊县唯一保存下来的仍在活态传承的民间宝辇艺术形式，在天津妈祖祭典文化圈中具有民间性、原生态性、稳定性的特点。

葛沽花会已经成为葛沽年文化的重要组成部分，并且仍在活态传承，尽可能保留最传统的表演形式和程序，在妈祖信仰和祭拜仪式中具有独特性。而且作为非物质文化遗产，传统社区仍然存在，传承有序，年轻的传承者非常热爱他们的这项身体技艺，各辇各茶棚强有力地维系着本家族、本村落甚至于本街道之中人们的认同和感情。

葛沽花会主要以宝辇为中心，分座乐会和耍乐会。座乐会包括宝辇、法鼓和茶棚，耍乐会包括跑竹马、旱船、龙灯、高跷、舞龙等。宝辇既是各位娘娘乘坐之辇，与民同乐，以供人们瞻仰敬拜，同时也是跑辇表演的道具。正月十六这天，各道会齐聚南大街进行踩街表演，而最为重要的环节当属“三进宫”仪式：一进宫于玉皇庙前广场，二进宫于西马集广场，三进宫于天后宫前广场。有时，三进宫要进行到凌晨两三点，各辇上的灯罩烛光摇曳，很是壮观，吸引着众人的眼球。各辇从各自茶棚里出来，向着集会地点前行，前行过程中举行跑辇表演，之后来到固定的位置。先是耍乐如高跷、跑竹马等进行表演，后是座乐各辇依次进行表演。

跑落除天后娘娘之辇外其他辇均以法鼓开道，有的法鼓还有茶炊子表演，当宝辇在固定位置上时，法鼓表演者要坐在凳子上进行表演。天后所坐的大辇由清音大锣开道，背印的童子骑马在前面稳稳而行，还有各种仪仗执事，金瓜钺斧朝天镫、龙旗、龙棍以及各种阴阳执事等为前导，一般跑落只走直线。

跑落时所抬道具精美绝伦，既能表演，亦能观赏，有多重审美价值，体现了民间的智慧和理念。“文革”时期，传统的跑落道具遭到破坏，后又根据传统重新制作，更加高大和精美。茶棚也由以前用席子搭的棚改为高大的房子，资金来源主要是村里人集体捐助。葛沽经商者多，愿意做公益善事，资助本村的宝辇。

第四章

器具与遗存

一、设摆器具

各辇出会时，有些器具既是设摆器具，也是表演器具，如辇，而执事銮驾则只是设摆器具。所谓设摆，是指出会时，摆放在表演场地供人欣赏观看的器具，代表了会文化；行会时，由专门扛执事的人执着行会，并无表演。

1. 茶棚

一般意义上的茶棚指旧时庙会期间在香道中修建的为香客提供沿途饮食、休息的场所。在葛沽，茶棚则更多指代宝辇会所，既存放宝辇和圣像，同时也可供香客祭祀。早期的茶棚是用杉篙、竹杆、苇席搭设的一次性简易灯棚，每年在春节期间开始搭建，在宝辇会结束后拆除。因为宝辇体积庞大不易存放，同时每年拆卸组装很是费时费力，于是近年来各茶棚依据自身原有的地域分布盖起来庙宇型的砖混式茶棚，可使宝辇不经过拆卸组装便可进入其中，提供了一个可以长期存放宝辇、祭祀物品、出会道具的场所。茶棚内供奉娘娘像谓之“娘娘驾”，备有茶水。棚檐下和棚顶内悬挂宫灯、炮筒灯、纱灯、葫芦灯、荸荠灯，门前还有銮护栏。如今的设摆相对简单了许多。

2. 执事銮驾

执事是兵器造型的道具，銮驾是牌、旗、锣，伞、扇、灯、炉、宾（节

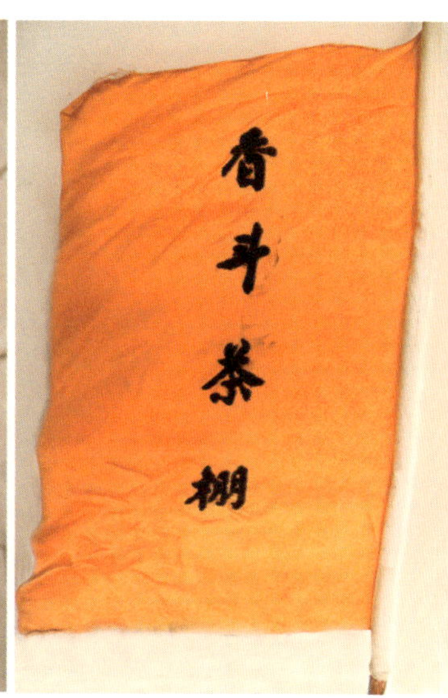

各茶棚手旗

度鞭）等礼仪器具造型的道具，现今并不作严格的区分，合称执事銮驾。所谓整幅銮驾与半幅銮驾之别其实就是阴、阳执事之分。阳执事道具依据兵器、礼仪器具之形而制，阴执事道具是依形制成灯具，夜晚可燃烛。

大多数茶棚的宝辇都有仪仗銮驾，材质、数量和颜色不同，东茶棚宝辇和天后宝辇的仪仗銮驾，分别是金瓜、钺斧、朝天镫、玉棍、龙凤扇，以及节度鞭、提灯、提护、黄罗伞、开道锣等，较为齐全，只是，天后宝辇的仪仗銮驾以黄色为主色调，凸显其尊贵地位。

执事銮驾前是驾前法鼓，法鼓队伍前有座图旗，黄缎面青绒贴字，立挑如幡，标示法鼓队伍的名称。另有执小旗者数人、执门旗者二人。夜晚有灯图，木架插角质灯盏。宝辇杠夫与仪仗皆穿殿子衣、戴红缨帽，是宫廷銮仪卫旧制。不同的辇，随员着装以颜色区分，有黄、红、铁红、青红、紫红、佛青、蓝、玫瑰紫等。法鼓队员着蓝布大袍，套青马褂，戴帽头或外套恭喜帽。

1. 天后宝辇的执事銮驾，不用时要放在会所里插在架子上，黄色显露其尊贵地位
2. 法鼓会里的茶炊子
3. 西茶棚五音法鼓纛旗，设摆时在辇的前边

钺斧

龙凤扇

金瓜

朝天镫

龙棍

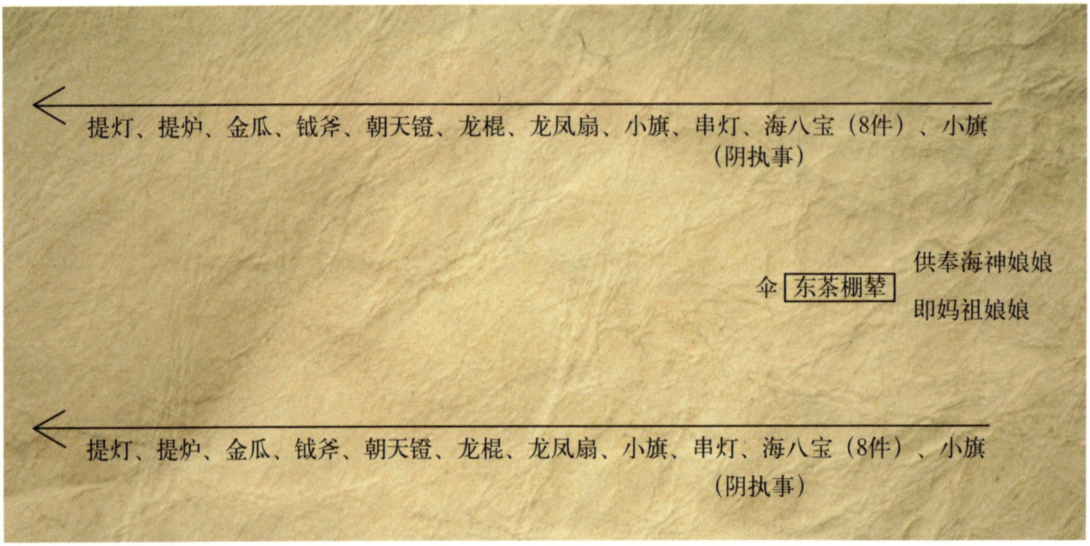

提灯、提炉、金瓜、钺斧、朝天镫、龙棍、龙凤扇、小旗、串灯、海八宝（8件）、小旗
（阴执事）

伞 东茶棚辇 供奉海神娘娘 即妈祖娘娘

提灯、提炉、金瓜、钺斧、朝天镫、龙棍、龙凤扇、小旗、串灯、海八宝（8件）、小旗
（阴执事）

出会时，东茶棚仪仗銮驾的行会顺序

大旗，一般为红、黄、绿三色，呈攒式三角形，火燎牙边，饰飘带二条。平时插设茶棚两侧，演出时前行，标志某辇到来。

手旗，一般为长方形，颜色不一，以黄色和橘红色居多，旗上一般有会名。拿手旗者有多名，负责在队伍的最前方开道。

二、表演器具

1. 宝辇

宝辇是祭祀娘娘仪式中，运载娘娘塑像的乘具。其结构包括辇顶、辇龛、辇座、辇杠等四部分，木构精雕，锦封绣围，配装如簪、如吊挂的各式烛灯，并饰以题额楹联，集雕刻、绘画、刺绣、色彩、造型等各种艺术于一身。抬辇前后共八人，指挥者俗称把持，前后各一人，辇落地时，四脚要垫小凳，持凳者四人，辇前为娘娘执日罩者一人，日罩也称云罗伞。每辇都配有銮驾一副，俗称阴阳执事，今称仪仗队。法鼓队员着蓝布大袍，套青马褂，戴帽头或外套恭喜帽。入夜，辇与仪仗及各随员皆以灯烛照明，形成灯火的长龙。请驾后，接驾前，娘娘偶像已在辇中，置街头茶棚内，叫做设摆，棚内旧时供香烛，接受百姓叩拜。娘娘庙有娘娘八个，现葛沽宝辇有八驾，分占东茶棚、西茶棚、北茶棚、阁前茶棚、东中街茶棚、营房茶棚、香斗茶棚、宝辇茶棚。诸茶棚分布于葛沽镇内。

宝辇为纯木质，在结构上为榫卯结构，主要由辇座、辇龛、辇顶、辇杠四部分组成。最上面的为穹窿顶，民间称之为皮拉（pī lā）帽，中间为辇龛，最下方为辇座。整驾辇并不需要一颗钉子，各个模块可自行进行拼接与拆卸。

辇座略呈长方体，分为前后左右四面，前后面为“长方形”之长，左右面为“长方形”之宽。辇座自上至下由弓腿、蓬牙、座面三部分组成。

弓腿四边勾栏，四条弓腿分别立于辇座四角支撑整个辇体，承受全部重量。弓腿形如雄狮之腿，腿下端为雄狮之巨爪，爪下按一金钱球，球与弯撑相连。四面弯撑结体，可以使辇座整体性、坚固性倍增。撑下有“足”，“足”乃辇之最下层，平时辇停放，便于“足”下垫支小板凳。膝部雕（深浮雕）狻猊（狮子）威猛脸部形象，两眼圆睁，眼球突出，蒜

1. 天后宝辇
2. 阁前茶棚宝辇
3. 天后宝辇的海亭
4. 东中街茶棚宝辇

1. 营房茶棚表亭
2. 西茶棚宝辇
3. 北茶棚宝辇
4. 东茶棚宝辇

东茶棚海亭

香斗茶棚宝辇

东茶棚灯亭

营房茶棚宝辇

头鼻子外张，血盆之口大开，似昂首怒吼，异常逼真，令人惧怕。脸的上部为狻猊之头，以极其夸张手法将头毛雕为人之发髻形而整齐排列。“发髻”上部及左右雕出狮鬃，鬃毛向左右伸长。四角的四条弓腿膝部雕塑相同，各角向左右延伸之鬃毛与其他所雕图案结构在一起组成辇座之四面蓬牙。每面（共四面）蓬牙中间深浮雕或透雕内容包括“二龙戏珠”、“葛沽八景”、“麒麟送子”、“龙凤呈祥”、“ 九狮图”、“九龙图”、“百子捧寿”、“双凤朝阳”（或丹凤朝阳）等图案，雕工精湛，栩栩如生，寓意深远，文韵深厚。蓬牙上端是披挂板（又名披子），披子上浮雕内容大都为葫芦蔓（谐音“万”）代等吉祥图案。披挂板上方为杆珠，粒粒佛珠直线排开，熠熠生辉，象征着好事连珠。杆珠上方与辇座平面之间是束腰（像腰带束于腰间），其上透雕牡丹枝、叶、花，束腰前、后两面，对称留有“虎眼”，即安放台辇辇杆之方孔，此孔前后贯通。束腰上方是辇座平台，台面约5～6厘米厚，四个侧面雕有“卐”字不到头等图案。台面靠边处镶有围栏，约30厘米高，共设十二根栏柱，每个柱头上均有一立体雕坐狮。柱间围栏框透雕四季瓶花。

披挂板、杆珠、束腰、辇座平台及围栏，组成一整体，谓之须弥座。须弥座上连接辇龛，辇龛四扇花柄屏风，空出前后龛门，龛门楹联、盘龙柱俱全。龛身装有锦锈屏围和龛帘。辇顶为穹窿式，八面撇檐，皆透雕贴金，撇檐八个角探出蟠龙含珠，龙头下挂角质灯笼。撇檐之上环桶设灯具若干，有如仙女簪花。辇杠双辕横辂，前后相对。辇身凸刻着梅花云朵、葫芦蔓儿。蓬牙上九狮图活灵活现。下雕牡丹吐芳、双凤朝阳，边盘九龙跃海，气势磅礴。辇后壁彩绘护海娘娘普救海难镇妖降怪图。

辇顶均为穹窿顶。辇顶与辇龛交接处是下凹，其上凸雕佛珠直线排开（与下杆珠相同），象征佛光普照。再上是上凹线，随八面体之辇龛而围镶，每两面交会处嵌一立体雕龙头，向斜上方探出约35厘米，犹如

辇上的披挂

日罩

巨龙探海。上凹线之上方，依辇龛之八面体镶撇檐八片，均为透雕，图案大都为富贵牡丹或丹凤朝阳。由上凹线边慢慢凸起一个穹窿顶（呈半圆形），穹窿顶外罩绒、缎刺绣包饰，其图案有海八宝、浮云彩蝶及福寿绵绵等。

辇杆则包括辇杆、八尺（大杆）、插杆、肩杠四种。辇杆有着轻微的形变，中部略高于两端。八尺正中有一铜质柄虎钩，用以固定绳索。八尺和插杆两端有榫插入辇杆眼（卯）里。八尺平行于插杆之上放置，肩杠平行于辇杆，置于八尺之上。八尺、肩杠均以麻绳相连。出会时，把持操控辇杆的控制能力直接决定了宝辇前进时的速度与稳定性，连接八尺与肩杠子的称为“小扣”，连接八尺和辇杆的称为“大扣”。只有宝辇的大扣是黄色的，称为“黄扣”。

弓腿是辇最为重要的承重结构，选材时以坚固耐用为首要原则，故

日罩不用时要插在左边的辇杆旁

较多选用生长周期长、木性坚韧、力学强度较高、耐腐蚀性强的榆木这一类南方硬质木料进行制作。撇檐等透雕部位需要选择富有韧性、易加工、质地细腻、着色性能较好的木材，故可以选用北方常见的杨木、楸木等。贴金箔也是宝辇重要的材质种类。整个辇在雕花透刻处都有金箔的贴饰，这既是对雕刻细部的保护，又增加了光感，使雕花部位更加细致立体。

杵，是宝辇中的设施，一般用轻质木材制成，为4×5.5厘米的木方子，长同人的肩高，约150厘米，每驾辇四根，使用时起支撑作用。杵近上端约20厘米处一个小孔，内穿细绳成环状，平时辇行走时，它挂在肩杠上面袢钉上，有时横放在两个大杆上。

葛沽宝辇的工艺装饰，其形式多以宫廷美术为范本。各会不惜重金请能工巧匠制造宝辇，宝辇上的九龙跃海、双凤朝阳、牡丹喷芳、梅花翘首等纹饰被雕刻得玲珑剔透，帷幔的刺绣图案也古朴典雅、不厌其精。晚间，宝辇上的灯与灯亭、灯棚交相辉映。

辇之顶、龛、座三大部分，饰有各种造型之灯近60盏。此众多之灯上下层叠、左右对称、前后对等。最上面的灯谓之顶灯，做工极考究精细，框架以纸浆（俗称嘎巴作）塑成，中部为八面体，顶与底亦为八面体，但较之中部要小，顶呈穹窿样，底呈倒穹窿。顶、底、中三部分各镶嵌八块玻璃。中心部贯通一“灯芯”（固定蜡烛之装置），可随意拿出和放入。灯之八棱各盘一立式金龙，行云驾雾金光耀眼，宛如活龙，两相邻之龙似互相交谈沟通。此灯通高为40厘米，由上大下小之四面梯形底座固定于辇之极顶中央。穹窿顶除中央顶灯外，尚设站灯十二盏，左右前后各三，接下来为檐灯，亦前后左右各三，下一层为前门灯和后窗灯各设两盏，再下层及围栏灯十二盏，前后各四，左右各二，最底层为八盏灯，前后左右各二。辇灯中最绚丽、最引人注目者当属披挂灯。八盏披挂灯分别挂于上凹线所嵌入龙头之上，每披挂全长约两米。披挂最上层是宝盖，盖有五条脊，每脊雕一金龙，每龙叼一挂排须（每个灯穗下垂四节，每节又由一牌四穗组成，牌上写有供奉神灵、茶棚名称或万寿无疆等字样），每挂共有85个穗头。宝盖下垂落子穗，一圈计30枚，穗下是灯，灯泡由上下萼固定，下萼垂网穗30枚。每披挂有145枚穗头，八披挂共1160枚穗头。披挂灯象征着照得人间红红火火、万里光明、前景美好。

宝辇有三大功能：一是妈祖及其他娘娘出巡和回銮乘坐之舆轿；二是辇龛中供奉妈祖及其他娘娘之塑像，以供人们瞻仰祈祷；三是作为“跑辇”表演之道具。葛沽花会核心是宝辇会，宝辇会核心是辇。宝辇制作用料精良，工艺精细，色彩绚丽，造型独特，具有象征意义和地方色彩。轿子是我国自古以来长期流行的一种人力交通工具，用于平地代步，约始于东晋。当时政权南移，高层人物和士大夫云集江南，因江南多雨，道路泥泞湿滑，不便于车马通行，而江南又多竹，便于制造轿子，故轿子作为平地代步工具开始在官场和士大夫阶层流行，抬轿谋生也随之成为三百六十行中的一行。

中国人热衷于轿子，一个原因确实是人口多、劳力足，不愁找不到抬轿子的轿夫。对于官员大户来说，雇轿夫比养骡马更划算，更经济。不只是这样，中国这样一个等级观念极为浓厚的国家，一个人坐在轿子上，由两条腿的人抬着，大摇大摆招摇过市，充分享受役使他人的快感，才是轿子成为主要交通工具的内在原因。轿子体现出的是森严的等级。

葛沽在过去有脚行锅伙，存在相当数量的轿夫，负责官员来访，以及红白喜事的抬轿工作。在旧时的葛沽，“抬轿”是当地习以为常的生活事项，轿辇文化深入当地民众的思想。所以，为了更好地让所供娘娘享受民众祭拜的香火，以辇作为娘娘的座驾，也是理所当然的。如今，虽然轿辇作为交通工具早已被时代所淘汰，但作为中国古代的一种文化遗产，作为一种传统的文化却仍然保存了下来，也形成了我们在正月十六的葛沽所见到的葛沽宝辇会。

“銮驾”本为中国封建社会皇家专享权利及其威仪象征，考证史实，流入民间大概缘于以下四种原因：一是由于百姓对皇家所作某种特殊贡献或机缘（如税赋贡品、治病、休养等）得到皇家赏赐；二是皇家直接赐予当地某一民众信仰先祖、神祇，或获得皇家敕建封号神灵，以仪仗壮行色、助声威并彰显皇恩浩荡；三是由皇上直接颁发、赏赐给朝中王侯、功臣、重臣、封疆大吏的仪仗等，有不同等级制式，由家族世代相传；四是民间为举行重大的祭祀仪式而仿制的迎神銮驾等。为配合正月十六的“娘娘驾”，使各位娘娘的仪仗看起来更为隆重，更显威严，葛沽各茶棚仿制了金瓜、钺斧、朝天镫、玉棍、龙凤扇，宾（节度鞭）、提灯、提炉、黄金伞（日罩）以及旗、锣等一批执事銮驾，作为仪仗走在宝辇队伍的最前方。

日罩从实用性的遮风挡雨的用途演变为一种表演工具，而且其仪式性和象征性作用更强。作为皇权的象征，神像的神力更被凸显，和人们的日常生活区隔开来。封建时代，伞是贵族阶层所专有的，具有一种权力和等级的象征性意义，总是和现实生活中的权威以及精神性权威联系在一起。

宝辇本身就是一种皇权的象征，在酬神自娱的同时，也表达了人们对于皇权乃至神权的向往。

2. 海亭与表亭

宝辇始建后，到光绪十八年(1892)，由娘娘庙、赵府、“久居堂”张氏出资操持，从市内一家祠堂购入一破旧灯亭，由张宝成改造，名叫海亭，为宝辇引驾。海亭在行进的过程中，有如海上灯塔，歇山顶，六立柱支撑，六脊六坡，六角飞檐，中亭六方藻井，底座六方弓腿。如今海亭有二，分别为天后宝辇与东茶棚宝辇引驾。

表亭是营房茶棚为辇引驾的灯亭。在第二代营房茶棚辇建成后，剩余木料交由郭守业父子做一个亭子，郭氏依教堂式样设计制造一驾带钟表的灯亭，有租赁白轿时将此亭随之租出。出会时换上营房茶棚灯泡陪衬营房茶棚宝辇设摆，为辇引路。后因许愿，将此亭赠予营房茶棚。表亭顶部有六个钟表。表亭由葫芦顶、小天盘、大天盘、亭座子四部分组成，装有花门、帘笼、玉柱、披挂、栏杆，底座直腿，结构造型中西合璧，是晚清时西风东渐的佐证。

3. 升平民乐表演器具

笙是古老的中国乐器，《尚书》《诗经》已有相关记载，属于簧片乐器族内的吹孔簧鸣乐器类，是世界上现存大多数簧片乐器的鼻祖。其发音清越、高雅，音质柔和，歌唱性强，具有中国民间色彩。笙主要由笙簧、笙苗和笙斗三部分构成，笙苗指笙体上的许多长短不一的竹管，笙斗则是连接吹口的笙底座。在材质上，笙簧古代用竹制，如今多用响铜；笙苗多用紫竹制作，每一竹管的下端嵌接有木制笙脚以装簧片；笙斗材质可为木质或铜质，升平民乐中的笙，其笙斗的材质为铜质。

管子是一种吹管乐器，历史非常悠久。管子的音量较大，音色高亢明亮、粗犷质朴，富有强烈的乡土气息。管子的构造比较简单，由管哨、侵子和圆柱形管身三部分组成。在葛沽，管子分为两种，根据管哨的长度进行区分，一种俗称“大嘴儿”，一种俗称“小嘴儿”。“大嘴儿”也叫做大宫调，通常用来吹奏佛乐，“小嘴儿”叫做小宫调，一般吹奏民间小调、道教音乐、民歌等。

笛子是中国汉族广为流传的吹奏乐器，表现力非常丰富，既能演奏悠长、高亢的旋律，又能表现辽阔、宽广的情调，同时也可以奏出欢快华丽的舞曲和婉转优美的小调。可演奏出连音、断音、颤音和滑音等色彩性音符，还可以表达不同的情绪，甚至可以吹奏出大自然的声音。

钹——铙

云锣古名云璈，又名云璈，民间又称九音锣，属于金属体鸣乐器族内的音变打击乐器类。云锣由大小相同，而厚度、音高存在区别的若干铜制小锣组成，在结构上分为锣体、锣架和锣槌三部分。其音色清澈、圆润、悦耳，余音持久，但音量不大，主要起到点缀作用。云锣在我国各地广为流传，主要用于历史比较悠久的鼓吹乐、吹打乐和佛教、道教音乐中。

司鼓：双手各持一枚鼓楗击鼓，根据曲谱音律，以重音与铙相合，以轻音与钹同音。击鼓时，以鼓楗沾鼓音、鼓楗拉鼓音为主，以鼓楗击鼓音为辅。起点、收点音较重并且鼓点明显。鼓点由强至弱，变点、改点要重，以此提醒演员。上擂的两个高潮一定要由强至弱，再由弱转强。

钹：配有钹带和皮条，操演前将钹带缠在手上，以防舞时钹飞伤人。操演时钹带飞扬起伏非常好看。敲钹不宜重击，演奏钹时与铙相配合，头钹、头铙是领奏，头钹占主导，如头音（开歌子）为钹音，要双闪开，若头音为铙音，头钹闪出后，要双重钹叠入怀收音，还应注意连音的强弱、弱强、连

笙
云锣

管子
——
铛铛

强、连弱的收张要领。要示意对方开歌转点，必须大姿式的闪钹动作，将钹带用钹沿扬向对方。

钹的姿式有三种：

(1) 单手闪钹(左右开均可)；

(2) 双手闪钹；

(3) 双手大收，单手大闪大捞式。

在每个曲谱结束结点时和演奏全部结束时，必扬单手，钹过顶，以示收音。遇有来会需立即停止演奏，必须站在显著位置，高举双钹，先张后收，猛击“×O- ×OO×”，以带全员收暂停点。

铙：无绸带，抓手中间穿一条皮圈，操演者用其套住中指，以防脱手，抓手小，演奏吃力。演奏姿式同钹，其要领是以沾磨反搓出余音为基本敲法，得到头钹闪钹的领子开歌，重要的转折起点要音爆，将铙推开平举或高举，以带动诸演员，达到配合默契。

领子就是小锣，也称铛铛，小锣用皮条悬挂架上。另有锣槌一个，藤条做柄，头镶铜钱。左手举架，右手击锣，可演奏轻音、重音，重音与钹合音，上擂时快速加滑点最为动听，音韵悠扬。

镲铬即小镲，起两拍打击节奏作用。镲铬与铛铛第二音合，镲铬拍节鲜明，声音清脆嘹亮，悦耳喜人。

鼓

第五章

传承现状

一、身体记忆与村落认同——传统的继承与变通

宝辇跑落首先是各会艺人的一种身体技艺和记忆，其次是他们的家族记忆和村落记忆，第三是一种文物记忆。宝辇已然成为他们生命和血液的一部分，各茶棚的会头成为村落中显赫的人物，各参会会员也觉得参会无上荣耀，这是一种无形的文化资产。“继承与变通是传统在当代

葛沽的老村随处可见正在拆迁的场景

葛沽的耕地随着城镇化建设越来越少

拆迁后居民搬到新建的小区中居住

2013年正月十六天津皇会课题组前往葛沽作田野调查，立刻被火热的出会场面吸引

的存在方式所体现的辩证法”[1]，葛沽宝辇也在继承传统与变通中不断调适。其继承传统表现为接驾时间、接驾路线、抓阄排档、接驾仪式的传承，其变通传统表现为出会缘由、资金募集方式和管理者的改变，通过继承与变通不断地建构自己的合法性。

在笔者的田野调查中，发现许多花会因为城市拆迁，导致花会会所缺失，会员四散各处，无法聚集，花会的“气”就散了，传承就变得难以为继。2013年笔者采访葛沽宝辇时，葛沽正面临拆迁和城镇化建设的转型，在城镇化建设过程中，处理好葛沽宝辇的问题即是处理好传统村落中传统文化的问题，因此，显得尤为迫切。传统村落是另一种文化遗产，有大量的物质文化遗

1.高丙中：《民间文化与公民社会：中国现代历程的文化研究》，北京：北京大学出版社，2008年，第9页。

产和非物质文化遗产，如何有效地保护传统村落这一文化形态和文化空间，是不将传统文化“化”掉的重要维度。传统文化遗迹应被保留出应有的空间，存在于民众的日常生活之中，这样可以使会员既容易方便自然地参与其中，方便信众的祭拜，又使各宝辇保存在现在的地方，会员在还迁后仍能够很快地聚拢起来，做到传承有序。天津市规划局编制了《天津市葛沽历史文化名镇保护规划》，根据规划，葛沽历史文化名镇的范围为：东至规划十六纬路，南到津沽公路，西至规划二十一经路，北至海河南岸，总面积约156.7公顷。其中保护范围面积为53.1公顷，包括核心保护区23.5公顷，建设控制地带29.6公顷。葛沽宝辇花会被列为此次规划的保护对象。规划将以宝辇花会为核心保护内容，塑造北方最大的妈祖祭祀文化中心。一方面对传承宝辇花会活动的主体（包括人和花会道具）进行有计划的保护；另一方面在规划中合理组织花会会道，并设置主展演场和指挥台。葛沽镇的整个规划方案要以人为主，既要使他们的日常生活水平提高，同时也要保留他们的文化传统。目前，葛沽镇的规划是在老区（天后宫周围及各茶棚所在地）建立文化旅游区，在各茶棚现有的地址上复建茶棚，并且在天后宫内专门开辟场域进行表演性的宝辇跑落供游客观看，其他各茶棚则继续传承其传统的正月花会出会与仪式。“年”是葛沽花会传承重要的文化传承时空，是“元传承场”，将表演性的宝辇跑落和传统跑落区隔开来，既保留了传统的表演仪式，同时又脱离传统土壤进行单纯的技艺表演。在葛沽镇政府对各茶棚的规划中，起初策划将茶棚集中到一起，这样有利于管理，在和各茶棚会头开会商讨的过程中，各茶棚都不建议这样做。第一，将茶棚集中起来就失去了其传统意义；第二，从旅游角度来说，也不利于留住顾客。所以，最终决定各茶棚还是在现有的位置上进行复建。

在现代化进程和社会变迁转型的过程中，每个传统村落都面临如何对待传统的问题，而传统也并非一成不变，“传统是一个开放的动态系统，它是在时空中延续和变异的”[1]。葛沽宝辇一方面有元传承场，和年文化及妈祖祭典息息相关，隶属于亲属关系和地域关系的维持和强化机制，通过元传承，完成社会关系的生产和再生产，促成群体凝聚力和认同感，同时也可以脱离元传承场在其他地域和其他时间进行演出。葛沽宝辇花会和传统庙会不同，它基本上是单纯的仪式活动，没有庙会期间所具有的贸易、经济功能。花会期间，并没有形成大型的集贸市场，在葛沽天后宫周围也没有形成一个商业集散中心，因此保留着仪式化的一面。人们来观看葛沽宝辇具有纯粹的观赏性、神圣性和娱乐性，具有一种神与民同乐的狂欢精神，而不是为了趁花会期间来此逛庙会购物。葛沽宝辇花会一直是仪式性的，尽管近几年也开始出现政府组织的表演和商业性演出，但出会的概率很小。尽管有政府的介入，政治引导与资本引导，葛沽宝辇仍然保留了其狂欢精神。我们不希望活态传承的葛沽花会在城镇化的过程中成为“文化遗留物”，而是希望它们能在传统村落的变迁中继续更好地活态传承。

葛沽茶棚在空间上比较集中，民俗活动频繁，信众多，祭拜规模大。花会作为一种民俗符号，是他们日常生活的一部分，同时也是区隔于“日常”进入“非常”的一部分，凝聚的是村落认同和家族记忆。

1.郭于华：《试论民俗学的社会科学化》，《民间文化论坛》，2004年第4期，第11页。

二、会员结构的变化

葛沽各宝辇会员结构较过去发生了较大变化。目前，抬辇的会员都已五六十岁，二三十岁的不多，会员结构老龄化严重，年轻人中又很少有人能胜任。东茶棚会头马兆盛说："辇上的人员过去是固定的，像过去东茶棚以这个东大桥的脚行，就是过去的搬运工为主。现在都是各行各业，再加上现在人们生活都好了，没有重体力劳动，年轻的肩膀上没搁过份量，所以说一般的都抬不了，更甭说跑，还得依靠三十多岁、四十多岁以前受过累的，这个还得依靠他们。"[1]现在的年轻人大部分都有工作，娱乐方式更加多元化，喜欢并愿意参加抬辇的人越来越少。负责拿辇凳子和打仪仗执事的多是正在上小学的孩子。

会里有好多十来岁的小会员，负责拿凳子和打执事銮驾

北茶棚现在的前把持已经74岁，像这样六七十岁仍在抬辇的人很多。

现在各个茶棚资金和会所不是大问题，人员却是个大问题。有的茶棚有固定的抬辇人员，比如周围邻居。长期抬辇的，正月出会自己就过来抬辇。有的没有固定的会员，出会时住在附近的和平时关系好的，也有亲朋好友们来帮忙抬辇。有些茶棚历年没有外来人员，坚持必须自己人抬，不花钱雇人。有的茶棚则开始花钱雇佣外来人员抬辇。现在各种娱乐方式很多。过去接近正月末工厂才开工，现在初五初六就开工，人们没法请假。

传承人兼有多种身份，可以既是传承者，同时又是工作者。各茶棚会头既是茶棚会头，同时又有工作，抬辇人员亦是如此。

1.2013年3月笔者对东茶棚会头马兆盛的采访。

三、表演形式的变迁

葛沽宝辇传承至今，表演形式已经发生了很大的变迁。

表演规模减小。由于人员的缺乏，最近几年，出会简略得多了。有的茶棚没有法鼓，有的茶棚没有执事，因为执事打全了需要很多人员。人员现在是个大问题，以前出会最少需要几百人，现在出会则只有几十人。以前宝辇最少有三番替肩的，现在替肩的人很少。以前，每道辇前都有法鼓，随着人员的缺乏，学习法鼓的人减少，所以，有些辇出会已经没有法鼓出会，前场也不能全部出齐。目前，只有西茶棚、东茶棚才有茶炊子表演，其他辇前都没有茶炊子表演，半副銮驾也不能出齐。法鼓器具各个茶棚都有，但是表演的人都要临时找。

表演时间缩短。旧时，葛沽花会要到凌晨才结束表演。现在，镇里控制时间，不让太晚，因为武警和消防队要下班。所以现在多是零点以前就结束了。现在花会表演归镇政府统一管理，为了保证安全，维持秩序，时间掐得紧，比如就给10分钟的表演时间，存在表演不充分的问题。

练习时间和模式发生改变。以前，每到寒冬腊月，就要上“冬功”，无论是法鼓人员还是耍乐会人员都要练冬功。而现在法鼓基本上没有人练习，敲法鼓的多是老人。座乐会的抬辇人员平日并不练习，只是出会时节，跟着替肩进行练习，没有专门的师傅教授。

传承机制和传承模式改变，传承没有师徒传承模式。1985年，经区人大批准，举全镇之力，依其旧制图样先后重新复制宝辇，旧貌变新颜。复制过程中仅民众自发集资就达五十万元。“宝辇”堪称“情结之辇”，至今为乡民奉为至宝。以前出会多是村民集体集资，现在出会的费用较高，所以正月期间，葛沽各宝辇还受商家邀请出会，这是他们主要的经济来源，此外，政府每年给2000元资助。会里的资金主要用来修复会所，置办新的表演器具和服装设施等，以及正月出会和娘娘过生日时的费用。

葛沽宝辇花会存在着各种权力的互动与博弈。（1）官方与民间的互动。葛沽花会目前是由官方及葛沽花会协会进行指挥协调，从一个民间自治的花会发展为政府管理和民间治理共同存在的花会存在状态。“现代的民间是指国家给普通民众留下的一种空间，人们在这种空间里享有一定的自主性。”[1]民间进入国家，多是通过政府组织的各种活动。（2）市场与民间的互动。葛沽宝辇在正月多受当地商家的邀请出会，是其主要资金来源。例如2013年2月25日，葛沽的北茶棚、东茶棚、香斗茶棚三个花会去塘沽金街参加妈祖民俗文化表演。（3）学者与民间的互动。有许多学者相继到葛沽镇采访。如政协天津市南郊区委员会编辑的《文史资料》第5辑中张贺年的文章《葛沽宝辇会》，从沿革、典仪、宝辇制作工艺、法鼓表演技艺、跑辇的表演技艺、宝辇会今昔几方面来介绍葛沽宝辇。1990年出版的《中国民族民间舞蹈集成——天津卷》有“跑落”一节，主要介绍“宝辇跑落”和“大轿跑落”的表演形式、舞蹈动作、角色和服装等。学者与葛沽宝辇的互动有助于葛沽在新城镇建设中更合理地规划传统文化的传承。

1.高丙中：《民间文化与公民社会：中国现代历程的文化研究》，北京：北京大学出版社，2008年，第19页。

四、民间记忆向官方标准化靠拢

妈祖进入天津在地化的过程，是一次标准化的过程，本地的民间信仰神逐渐被标准化为以妈祖为核心的神灵体系，挑水哥哥、王三奶奶、痘二哥哥、眼光娘娘、痘疹娘娘、子孙娘娘、送生娘娘等本地神尤其是碧霞元君等神逐渐被统合到妈祖信仰体系中，明清时期信仰体系的改造，扩展了“天妃”的能力范围，妈祖由专职的海洋神成为多功能的信仰神，其神职功能不断地被丰富和细化，能够祈雨、求子、治病以及护国、御寇等。天妃（天后）在明清时期成为天津地位最高的神祇，经历了元、明、清三代被朝廷改造为官方的神祇“天后”的标准化过程，其封号从两个字累加到64个字，爵位由“夫人”到“妃”、“天妃”、“天后”、“天上圣母”等，见证了从民间信仰到国家正祀的过程，顺利地完成了妈祖信仰本土化的过程，同时又使妈祖在天津成为一种强势神灵。但是这些并没有完全影响到葛沽，葛沽形成了自己的神祇体系。

但是随着妈祖信仰进入人类非物质文化遗产，许多地方的妈祖文化开始重塑自己的合法性。1987年，在天津市首届民间花会比赛中，东茶棚宝辇获得大赛继承奖，从此以后在葛沽宝辇花会中妈祖娘娘的威信更加提高。

东茶棚背后的经济力量也起到至关重要的作用，东茶棚经商者多，对东茶棚支持多。而且东茶棚会头是村长，有更大的号召力。葛沽复建后的天后宫也以妈祖信仰为主要神灵谱系，当地政府也主张葛沽宝辇是妈祖文化的一个分支体系。其实，在葛沽历史和传统上，妈祖只是其中的一个分支，这个分支和其他宝辇是平等的。在葛沽民俗协会的安排下，东茶棚在出会仪式中仍然需要抓阄排档。

在传承本地域或者说在地化的俗信中，如何不被官方的或者标准化的俗信所左右和改变，是俗信保持传统的核心原则。

北茶棚同样也存在从民间记忆向官方标准化靠拢的情况。据北茶棚的会头讲，泰山娘娘的像是木质的，最早被当地居民从河中打捞上来，当时并不知道自己供奉的是泰山娘娘，直到2007年一次考察的机会，在与泰山当地的法师交流之后，才得以确认。曾经山奶奶的生辰定在了打捞出水的日期，即农历七月二十六，后来为了与官方生辰保持一致，改为农历四月十八。

东茶棚的会头将牌匾由“天妃圣母”改为“天后圣母”，北茶棚的会头将娘娘的生辰由七月二十六改为四月十八，这些都是一种由民间传承向官方记述靠拢的做法。这样做的目的很明显——为供奉的娘娘“正名”。而得到“正名”后自然是有着诸多优势的。比如，在妈祖大热，已经成功申报世界非遗的今天，得益于妈祖在文化与政治等方面的突出贡献，如果茶棚能够与“妈祖”有所联系，自然可以有着相当长远的收益与影响。再比如，北茶棚的会头就表示，在为山奶奶正名之后，来北茶棚烧香祭拜的人明显增多，因为相当多的外地人可能并不了解所谓的“山奶奶”，却清楚地知道“泰山娘娘”。但是，如果所有的民间传承都慢慢向官方记述靠拢，那么带来的结果就是民间独特性与创造性的丧失，可能这一代人尚且知晓山奶奶过去的生辰，但下一代人呢？更改生辰也许只是一个小小的决定，但带来的却可能是一段珍贵历史的遗失。

五、表演的语境及新生性问题

时代的变异带来的民俗的变异是诸种细节的变异，对这些细节进行深描，构成了地方性知识和地方性认同。葛沽宝辇的存在和跑落空间提供了物理环境、人类活动和心理意义三个层面的空间，使人们具有依赖感。人们为什么要保留传统，他们参与宝辇跑落的价值取向又是什么？（1）用当地人的话说，不玩儿这个就“恣意”（意思是心里痒痒），宝辇是他们心灵的寄托，也是他们百年来形成的身体习惯和传统。（2）宝辇在当地是尊贵的，民间流传着“想露脸上宝辇”的说法。过去对于参与宝辇跑落的会员有严格的规定，首先要查三代，必须三代以内与人为善；其次，戴孝三年期间也不能够碰宝辇。抬辇接驾前要沐浴更衣。（3）各会在遵守会规的基础上互相竞争，看谁的跑落更精彩，会规更严谨。民间社会的“抢洋斗胜,耗财买脸”活动，其价值追求是为了获得社会声望。在传统社区中，“人的声望决定其社会关系的多寡,决定着其与别人的社会交往能否达成以及达成的程度,是长期的社会交往‘博弈’出来的结果”[1]。在笔者采访中，经常问道茶棚和宝辇是一种公共财产，为什么你们如此热衷？会头都表示，这是一种传统，当会头，就要对得起自己和父辈还有老传统。（4）村落意识和地方认同的形成。葛沽宝辇跑落反过来又加强了葛沽人民的狂欢精神以及守望相助的性格，是葛沽地域文化的活化石。

保护民间文化和民间信仰要在其语境中进行保护。就像学者刘晓春在《从“民俗”到“语境中的民俗”——中国民俗学研究的范式转换》一文中所说：“时间、空间、传承人、受众、表演情境、社会结构、文化传统等不同因素构成了民俗传承的语境。”[2]葛沽宝辇跑落的时间为正月，

1. 吴效群：《社会声望：民间花会人士的价值追求》，《广西民族学院学报》2005年第3期，第54页。
2. 刘晓春：《从“民俗”到“语境中的民俗”——中国民俗学研究的范式转换》，《民俗研究》，2009年第3期，第9页。

脱离了正月的跑落就丧失了其语境，其空间为葛沽，传承人为宝辇参与者，受众与表演者共同构成了俗信的语境和一个互动的表演情境，“表演情境的理想状态应该是由惯常的表演者，在惯常的时间地点，以惯常的表演方式，为惯常的观众表演”[1]。表演具有新生性，整体上将民俗变迁与社会语境相结合，民俗不是被动的消极的，而是积极适应调适的。葛沽宝辇是神圣性仪式与世俗性表演之间的双轨制，葛沽宝辇花会一直是仪式性的，但也有“去仪式化”的演出，如参加政府组织的活动和一些厂（商）家的商业邀请。这种对民间传统文化的资源性利用，不能违背传统文化资源自身的原生态性，如不能改变其举办

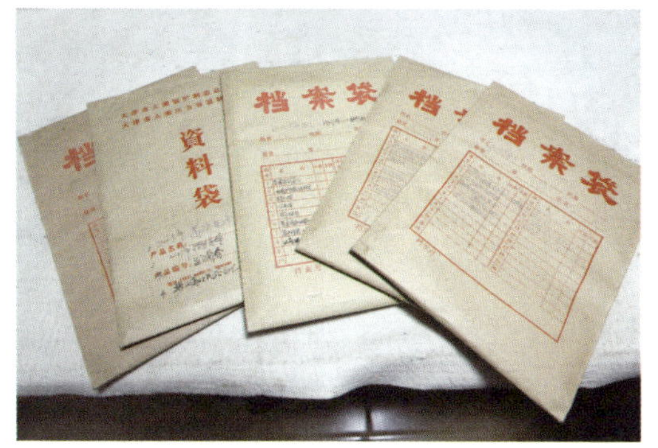

葛沽花会协会副会长段如何珍藏了每次出会的资料

1.刘晓春：《从“民俗”到“语境中的民俗”——中国民俗学研究的范式转换》，《民俗研究》，2009年第3期，第12页。

时间、表演仪式、表演形式和表演服装等。

目前，葛沽宝辇已经进入非物质文化遗产体系，非物质文化遗产保护要“以人为本”，保持其原真性、整体性和活态性。原真性保护就是保护其传统的出会时间、出会场所、出会仪式等；整体性保护就是保护其所处的自然环境、生态环境、人文环境和相关的制度、习俗等；活态性保护就是保证其代代传承。同时，也要对其物质文化遗产进行保护，如辇、茶棚等等。

营房茶棚七十多岁的季老爷子自小就喜欢宝辇，“文革”时期看到宝辇被砸，心中特别难过，就萌生了制作小宝辇的想法，他说制作这些宝辇没别的目的，只为留存一些历史和记忆给后代子孙。他仿照现在的葛沽宝辇一共制作了几驾宝辇，还单独做了一驾宝辇放在葛沽镇文化馆中。他制作的宝辇不能放神像，因为一请神像，不好伺候，害怕自家承担不住。他制作一驾宝辇需要一年时间，大概需要四五万块钱，好多细节都是手工制作。宝辇是榫卯结构，没有用一根钉子，可以拆卸组装，连灯彩的细节都十分细腻。据老人说，宝辇上这种造型奇特的小灯泡跑了大半个中国才买到。每到过年时节，他就把八驾辇的灯彩都点上，和屋外的葛沽宝辇出会相应和。非物质文化遗产保护需要文化自觉，民众的文化自觉能够更好地保护非物质文化遗产的非物质性和物质性。

营房茶棚老会员季凤祥按照1：25的比例复制了八辇三亭

文化自觉也体

现在对非物质文化遗产的档案性保护。在笔者的田野调查中，段如何先生保存了大量的葛沽宝辇的珍贵资料。20世纪80年代恢复葛沽第一驾天后宝辇时设计的草图、成稿，修复宝辇过程中的照片，近年来关于宝辇的各种会议的会议手册、会议纪要以及后来每次出会时的会帖、抽签顺序、解说词、合影图片、资料等等，都被他分门别类地放在一个个档案袋中，详细至极。他的资料也为笔者的采访和调查提供了许多线索和发现。他曾于1999年赋诗一首《赠葛沽各茶棚父老》表达他这一生对葛沽宝辇的感情："忆昔为事殊艰难，春风得意显盎然。奇师精华点异彩，巧夺天工入画帘。旌旗招展千般妙，清风细雨浴篷帆。众老携义同舟过，今朝留史万民欢。"

社会转型期民间花会往何处去?

在葛沽，也许会有人没有抬过辇，却不可能不知道茶棚。在过去，因为发展相对缓慢，葛沽花会反倒得到了较好的传承，有着相当庞大的群众基础。但如今，葛沽老城也进入了拆迁改造的阶段。在采访的时候笔者发现，近些年出会时所走的新会道，周边的建筑几乎已经拆除干净，曾经的汇合点西茶棚，如今只剩下这座茶棚仍旧没有被拆除，孤零零地伫立在一片废墟之中，显得有些荒凉。在过去，参与茶棚在正月的出会，平时祭拜与侍奉的人都局限在某一个范围内，而这一范围一般指街（如北大街、东大桥）、道（如营房道）、村（如葛沽一村、二村、三村）等等，所指的范围十分明确，会众之间也很少发生诸如今年为一个茶棚抬辇明年转到另一家茶棚的事情。可以说，地理位置在很大程度上决定了会众的归属。但是现在，居民在申请还迁房的时候是以平米数进行区分的，这就导致了原来相近的居民会相隔很远，那么曾经稳定的地理空间就被破坏了。而且，新城区距离老城区还是有一段距离的——在当地来说，差不多是10元的车程——参加花会本身就是一个由自发到自觉的过程，也许现在这一代人已经形成了一种自觉，并且在采访中他们也都强烈地表达出了这种自觉：他们认为，尽管现在住进了楼房，相互之间离得远了，但到了出会的时候，这些人还是会主动来到茶棚的。但是，当由地理空间维系的文化空间消失，当这一代人已经无力再抬辇，新一代的人们，是否还能保持着对于宝辇的热爱与自豪，是否还能够自发地，甚至是自觉地抬起重达千斤的宝辇呢？

葛沽宝辇正月十六的接驾是一个重要的仪式。葛沽宝辇不仅成为葛沽的一个象征符号和明信片，保持了本地域、本族群的历史记忆，形成了一定的受民间信仰支撑的行为模式，而且在社会转型期，生活变迁的情况下，这些象征符号如何继续发挥作用，获得认可，对于社区秩序的重建、葛沽地域认同具有重要作用。

第六章

传承人口述

一、天后宝辇会头陈景清

我叫陈景清，58岁，汉族，土生土长的葛沽人。我祖祖辈辈都在辇上玩。我在会里担任的主要是会头。我是抬辇的，要是少个人，可以替肩。我从八九岁就拿凳子，打旗子，二十来岁开始抬辇，在后辕子这个位置。抬辇前面的重要，有俩杠头的，得摆样子，个头高，个矮杠不了头，矮个都在后头。

天后宝辇会头陈景清和家人的合影

宝辇供奉的是大奶奶。我听老人们说是妈祖，受过皇封。大辇是黄袍，辇杆也是黄的，全都是黄的。就这个大奶奶早。我们这边以打渔为生，有跑船的，有南方人，人家那边有妈祖，就到南方去塑了个娘娘，从那儿背了回来。打渔的每回下海，都敲打一番，有让龙王保的，有让娘娘保的。

其他辇过去都和大奶奶对脸，接驾就是抬辇的人接大奶奶，一年一回。打换了会头，东茶棚开始不对脸了。

宝辇前的吹会是升平民乐，我还没接这驾宝辇当会头时，他们就跟着这驾辇。我们也不请他，他不属于天后宝辇，是独立的一伙儿会，入了葛沽花会协会的籍。出会了，他自己来，在天后宝辇茶棚里吹，一年一回，吹会也置办了法鼓。大奶奶过生日，他们也来，敲法鼓的家伙是我赞助钱买的，现在还少一个鼓。

只有天后宝辇有童子背印，其他茶棚没有，没有轮流背印的说法。

海亭一共是三截，上面是六角亭子，有56个灯，和宝辇一样也是八个人抬，垫凳子是六个人，也是红凳子，也有把持，但是没有日罩。行会的时候在仪仗的前面，整个出会的顺序先是海亭，然后是仪仗执事、吹会、骑马的背印童子，最后是宝辇。吹会不能在马的后面，一吹就把马惊了。背印童子到了会场以后，就下来了，把印放到辇上就行。谁放这个印都行，只要是会上的人就行。后晌，就不背印了，就是下午两点钟的时候从老娘娘庙那儿背到主会场。

小步彳，是小步走。过去有的阵形有跑“8”字、捻捻转。在我还没接宝辇时，有两个把持是胖子，跑不来，就是小步彳走，十来年了，宝辇始终没跑过，都是小步彳走。把持最重要，要魁梧，身材要高，把持能搂住劲儿，其他人抬着轻省。

天后宝辇的抬辇人员有一半是葛沽二村的，一半是雇了外村的，他们来葛沽打工，住在葛沽。有好多抬辇的这一年顺遂，他来年就还希望抬辇。抬辇前，我主要是教给他们，千万千万别溜了肩，一溜肩，这辇就墩了，这辇上雕刻的东西说摔就摔了。正月里刚一开始出会，还没有接驾，我就教给他们怎么抬，得试试肩，抬得了还是抬不了。旁边也跟着替肩的，一边跟着一个，防止溜肩，一看要溜肩，立马操着辇杆。

每驾辇的把持基本上都是固定的，除非他老了抬不动了，或者是因为闹意见。以前的前把持是李会升，有四十多岁了，开出租车。他抱把持（当地人也称把把持），个高，魁梧，有块儿，以前抬过阁前茶棚的辇，后来不玩了，就来宝辇抱把持，谁都愿意伺候大奶奶，来宝辇上抬。打我接了宝辇，就一直是他和一个姓陈的把（抱）把持。姓陈的原来是前把持，后来确实干不了，才不抬。后把持有人就行，不是那么重要。杠头的也重要，魁伟，还得要样子。

有时把持要扭过身去看后面，这样好掌握平衡，跑起来，后把持如有劲儿，抬辇的人稍微带点劲儿就行，后面能轻十五斤，如果前把持拉在身上，后面人就吃不住劲了，着肩或打杵时把持扭过身对着辇，或者道路不好走时，也扭过身来看着后面。辇不能直接放地上，要放四个凳子，抬起来时好起肩，辇挨着地抬不起来。

打2006年接过来，宝辇每次出会都成功，没溜过肩，都挺顺的，会上也没有打架斗殴的事情。从我当上会头，我们会从来没和别的会发生过冲突。

我们茶棚前面没有旗杆，原先每个茶棚前面都有，我们也想竖旗杆和十二连灯，可是没有地界儿。点红色的十二连灯，是为了热闹和亮堂。过去没电灯，就凭这灯才亮呢。现在，阁前茶棚没有，香斗茶棚没有，西茶棚、东茶棚、北茶棚、东中街茶棚有。

辇座雕刻的图案都是九狮图，辇围栏杆雕刻的是花，辇龛的花门子雕刻的是二龙戏珠，都是吉祥的图案。

升平民乐（吹会）的服装是自己个儿置办的，和宝辇的衣服不一样。宝辇的光子（衣服补子）上写着“宝辇茶棚”，旁边绣着龙，是黄色的衣服。把持的衣服和其他辇夫的衣服颜色不一样，都是黄的，但是把持的衣服黄色更重，因为把持的个子高。舞日罩的也是黄色的衣服。衣服得两年换一身，平常得晒，六月初六晒衣服，过去老年间都是这个时候晒衣服，缎子容易招虫子。会里的衣服由我和我老伴晾晒，不保管的话，这衣服就糟践了。衣服置办全了得两万多，小孩儿的衣服三十多套，大人的十多套，主要是衣服上绣花的工艺贵。

平常用大布罩着宝辇，进不了什么土，而且辇上贴的有金箔，不能用布擦，要用小毛刷擦才行，用布擦，就完了。出会的时候不让孩子乱摸，一摸就不好了。为嘛宝辇盛气呢，她是救苦救难的。来这里烧香的上供苹果、香蕉、点心，还有上香的，上蜡的，有给衣服的，给鞋的。今年流行送小红鞋，给奶奶穿的，我们就摆到娘娘脚旁边。

天后宝辇这儿没有偷香灰的，痘疹娘娘那儿有弄香灰回去的，弄点香灰水让孩子喝，专门治疗水痘的，这都是以前的做法，现在也少了。

把娘娘从宝辇里请到我们家的时候，扯块新红布盖红盖头，娘娘不能露天。因为她是神像，从家里到辇上的时候，得盖上红布，在辇上也能不露天，有红帘挡着。娘娘的神像也不能随便乱摸，照片拍的宝辇的脸儿应该都不真。以前不让给大奶奶照相，因为照也照不清楚，最近几年才让给娘娘照相。

葛沽过年，大年三十包饺子，初一拜年，大年二十九贴剪纸和吊钱，俗话说“二十九贴道酉”，一般家户都供奉天地君亲师，这是家神。以前正月十六放扎的盒子灯，最主要的还是花会这个习俗。

葛沽在乾隆下江南以前，都是退海之地。乾隆封这里为太平庄。具体这个辇什么时候有的，我就不知道了。我们老爷子说，这是妈祖救苦救难的，船上打渔总是出事，福建跑大船的回来了，让去南边塑个奶奶，背奶奶回来后，打渔就风平浪静。周围的渔民一看有了妈祖大奶奶，其他船户就塑了二奶奶、三奶奶，就这么排下来的，这是咱的想象。最早是两个人用滑竿抬着出会，后来才改成了辇。“文革”后重建，都是群众自发建的，刚建成的时候，还说迷信呢，不让供神，不让把娘娘放到辇里去，当时的辇是木器厂建的，段如何会画图，领班制作刻的辇，他仿照老照片放大的，他现在是葛沽民间花会协会的副会长，也是葛沽花会的总指挥。

我们和阁前茶棚盖在一起，因为平常住得近，关系不错。原先搭席棚的时候，就一直在一起，隔着个道，和其他茶棚交往得不多。正月十二，和其他茶棚拜会，打过去就是这么个礼节。一般正月十二踩街，出灯挑。辇属于座乐会，出灯挑，各茶棚换帖。宝辇是黄色的帖，其他茶棚都是红色的帖，就是因为受过皇封。正月初六开茶棚，打扫卫生，把奶奶从我家佛龛中接到宝辇中去，正月十六出全会，接驾。正月期间大奶奶也被商家邀请出会。大概从正月初九、初十开始，有邀请的就去，没邀请的不去，正月十五不出去，有出去四五回、五六回的。只要过了正月十六，哪怕是正月十七邀请给多少钱都不出去。正月十五、正月十六不能出去应邀。葛沽商人挺多，已经有一定的规模。有常年请的商家，阁前茶棚的大儿子每年都邀请，人家确实顺，挣的钱也多，都是葛沽人，也好这个。葛沽外面的人也有邀请的，但是不多。小站有邀请的，今年邀了，也许明年就不邀请了。过去，会都不出庄子，大伙儿都赞助，出会费用也低。现在不行了，出会需要很多资金，所以出去敛点钱，这样可以置办东西，连吃喝带工钱。不出去，接驾都没钱，没钱，这会就出不来。政府一驾辇给两千块钱，宝辇给的多点。门市也有给的，一给就是二百。抬辇的人不给会里钱，会里还给他工钱呢。敛钱多，多给点工钱，敛钱少，就少给。以前是集体出资，现在是商家捐资。王树林的渤海石油出资，辇到了那里，给三千元。今年正月十二也去了，这儿离那儿六七里地，用车拉着去，不要求表演，只要辇去了，就给捐资。大队本村的给三千元，政府给两千元，其他都是自己联系捐款。一年大约花费两万出头，吃饭两三千，其他花费也有不少。有小孩参加，小孩身体好，猫腰快，不用给小孩子讲，他们也知道给辇垫凳子。

天后宝辇的大奶奶抓全面，有求子的，有求升学顺利的。我们坚持出会，是因为她救苦救难啊，人们都信服她。一年了，大家都好这个。信的人来看了，必须出这个会。要是拆迁了，出还是不出，就要看政府了。今年政府让我们出的，还是走老会道。要是明年都拆了，恐怕得闭会了，这还得靠葛沽镇的人们，非要出，我们必须出，这个文化遗产属于大伙的，不是政府的。

二、东茶棚会头马兆盛

我叫马兆盛，因为受祖父的感染，对这个辇特别信仰和崇拜，后来我大爷接班，我又受大爷的影响。我崇拜和信仰娘娘，一辈子做的都是善事和好事，信仰娘娘的法力。大家也特别信服我，尊重我。刚起会，我就喜欢。五六岁的时候，每次看完正月十八的接驾，都在家里用海河的黄泥做宝辇，拿线当穗子，从小有这个喜好。我十四岁学的木工，“文革”前，跟着辇，“文革”后，复制辇，把茶棚里好多古老的东西，一一复制出来。这都是业余时间做的，有时候想起来，自己都会掉泪。两个原因，一是传承人看不中，随着生活的好转，好多人对这个不喜好，淡薄；第二，社会上有一些捣乱的，使辇上丢失了一些东西，我心态特别不平衡，钱买不来这复制辇的辛苦。

东茶棚会头马兆盛

东茶棚供奉的是海神娘娘。按历史的记载，我小时印象中唯有北茶棚有块匾，上边写着“泰山圣母”。东茶棚那个时候是天妃圣母，我现在改为天后圣母。因为海神娘娘经历了历代皇上的敕封，最后来封海神娘娘为天后圣母，所以，我根据最后一次的敕封，改为天后圣母。

东茶棚的最早会址是葛沽东大桥，后来随着社会的变革，有好年头，有次年头，好年头就搭棚，次年头的时候，为了省钱，把辇放在脚行锅伙里，是搬运工所在的地方。现在辇出不全了，经济能力、人力物力都达不到。“文革”后，尤其是在20世纪90年代达到高峰。

茶棚，主要是在棚里摆茶杯、茶碗，沏茶水，供来烧香的香客们在这里喝水歇脚，一方面是神圣的供奉辇的地方；一方面是用来喝茶水的。茶棚中唯独东茶棚是建在水上的，因为东茶棚供奉的是海神娘娘，所以搭茶棚的时候必须有活水，还得有鱼有虾。那时候，茶棚越来越多，后来形成一种什么气候，正月里把娘娘请出来得接驾。接驾是嘛呢？是接娘娘回宫的意思。所以说在那时候形成了正月十八接驾的传统。辇是座乐，花会是耍乐。初九要出全会，因为这天是玉皇大帝的生日，葛沽镇最大的庙宇是玉皇庙。这一天，玉皇庙开山门，出全会辇必须出全，一直要到正月十五、十六。十五是元宵节，十六是走百病，十七歇一天，十八出会。现在为了节省时间，正月十六接驾。其实正月十六是去街上走百病，街上好多火，在那儿跳火，扔钱，上街上遛街，意思是把病走没了。所以，东茶棚历史最早。接驾怎么接，把八仙桌竖上杆，抬到大街上，让人们烧香信仰崇拜。不是搞迷信啊，都是信仰崇拜。接了一年多，官家提出，这种形式不好看，就提出改辇。头一次改这辇，是直腿的。在1988年，进行改革，逐步造了第一驾辇。所有的造型都是当地的木工做的。葛沽地界，做嘛的都有。所以，辇上的部件都是葛沽人民自己做的，有造漆的，有干木工的，有贴金的，有雕刻的。基本到现在，也没有太大的修改。第一驾辇产生后，葛沽陆续发展。在那个年代，医学不很发达，老百姓有一种信仰的脑子，葛沽各个角落都做起了辇。

顶我记事，1961年，葛沽成立了公社，我爷爷那时候七十多岁，我大爷五十多岁，他们有保守思想，对会特别爱，会里有嘛东西坏了都心疼。生产队长可以出点东西，稻米什么的，想在东白衣庙前广场搭茶棚，离东大桥百米左右。那会儿心气特别高，辇上把二龙戏珠挂上了，茶棚也设了三道花门。1964年“四清”，1966年“文革”，就都给砸了，说这个是“四旧”。

辇子衣分了，其他的辇座子、法鼓等，都被生产队抓阄给分了，二大队抓的是法鼓。钱上不说，这个辛苦劲儿太不容易。想当年，宝辇是商务会的，宝辇最大，所以，以宝辇为尊，“文革”后，第一驾恢复的辇是天后宝辇，都是当地的老百姓自发组织建的。“文化大革命”以后，地方上对于葛沽花会没有太大的支持，只有各个会敛钱后，有多大能力办多大事。群众自己操办，增加新的东西。谁的实力大，影响大，操心多，谁的声势就大，置办的东西就多。20世纪80年代修复辇时是我绘的图，因为我从小是木工，和我的师兄弟们一起做的。“文革”以前的辇全破坏了，没留下一点东西，只留下了一个老照片。八个辇两个亭的照片，这个照片也被抄家抄走了，还有一个四驾辇的照片。过去分八驾辇，八驾辇里又分四驾辇，这四驾辇是大辇，有东茶棚、北茶棚、营房茶棚、天后宝辇。

葛沽花会出会，没出过乱子，没伤害过人，没发生过火灾。有点迷信色彩地说，就是有娘娘们保佑。人们拜会时缠在身上的亮子，走土道时，都是火星子，但也从没发生过火灾。小小的葛沽镇，趁两个派出所，趁五个消防队，消防队当时叫水善，为什么叫善，因为不挣钱，大家伙自愿组织而成。一有火灾，大家（一般是脚行工人）就穿着平常的服装拉着大水机子出来灭火。我大爷是脚行工人，就是把这个水机子龙头的。

以前，接驾的时候没有灯，就用苇子编成苇子把，缠在腰间，点着了，这叫亮子。以前，不是随便谁就能点亮子的，得是会头家的孩子或者抬辇家的孩子才行，我小时候就点过亮子。东茶棚1986年恢复后，始终和天后宝辇没对过脸，别的辇对脸我不反对，但是东茶棚不对脸。因为以东茶棚为老，以宝辇为尊，宝辇是官家的，是商务会制作的，有权势，东茶棚是私人的，所以，我不上他那儿去祭拜。宝辇是最后一个会，我们都走了，他才走呢。他不抓阄，香斗也不抓阄，因为香斗是宝辇的驾前辇，香斗的娘娘服侍宝辇的娘娘，宝辇走时，香斗在宝辇前面。其他辇都抓阄，东茶棚也抓阄。

辇上的人分这么几项，现东茶棚会头和副会头共九个，会头说了算。把持是固定的，这是东茶棚遗留下来的传统，辇没出茶棚的时候，都是我说了算，掌灯啊、接待啊、开支费用什么的。辇一出了茶棚，接驾那天，具体怎么跑怎么表演，会头说了不算，把持说了算，把持要当一天的家。谁是前把持、后把持，这是固定的，从辇夫里选，谁长得好，个高，技术好，选谁。辇夫有一些是老人，每年都来抬辇，一出会了，就到家里去说，“出会了，到时候去抬辇啊”。还有一些新生的力量，都是十六七岁的小孩，我今年动手术了，没敢贴边。我说，今年表演一定要简略，万一出点岔子，我不在身边，没法弄，这辇溜个肩倒无所谓，但是一旦倒了，怎么办？旁边有保驾的，我要是在现场，可以布置好了。这是个辛苦的事情。东茶棚到现在还是这么兴旺，就是按着过去的老法走的。第一，会上的东西不吃；第二，会上的东西不拿。

东茶棚属于葛沽一村，在东边，葛沽二村在中间，葛沽三村在西边。东边的会最多，八驾辇，东边就有四驾辇，包括东茶棚、营房茶棚、北茶棚、东中街茶棚。耍乐会也多，有海乐、渔樵耕读、长乐老高跷。辇过去是有地界的，你这个地界儿的人维持你这驾辇，八驾辇坐落在八个地界儿。

抬辇的人穿的衣服叫辇子衣，北茶棚穿蓝的，我们穿紫红的。光子写“葛沽东茶棚”，两边绘的干支梅的花，外面有一圈黑边。把持和抬辇的衣服一样，颜色不一样。抬辇的是紫红的，把持是藏蓝的，打过去就这样。帽子都一样，前清时的帽子。裤子没要求，但是以前穿快靴。“文革”后，也置办了靴子，人们嫌冷，就不穿了。会头没有特别的衣服，就穿平常的衣服就行。以前是红杆帽头，大褂。法鼓过去是疙瘩帽头，大旗袍。座乐是老人们的会，特别文，特别稳，歌子很多，有《龙须》《十二龙灯》，穿平常的衣服。茶炊子必须穿前清的衣服，都是藏蓝色的，因为他是伺候娘娘喝水的。

抬辇的没有训练。以前东茶棚都是扛脚行的，营房茶棚、郑家瓦房都是抬花轿、抬棺材的，北茶棚有北桥口搬运工，西茶棚有西边的搬运工，别的辇上都是农民。以前我还讲讲怎么抬辇，手放哪儿，喊什么口号。只能是会头传给会头，知道怎么回事。抬辇前给抬辇的人简单讲讲，这都是临时教的。过去是前大后小，前面都是大肩，后面都是小肩，拐弯好拐。

出会，是正月里出会，其他出会除非国家有盛大活动才出会，比如亚运会什么的。谁生日，谁家有丧事，跟辇没关系，辇都不出。以前，有三种人不能上辇，第一种人是屠宰户，因为是带凶气的；第二种人是不孝顺父母的人，信仰娘娘的人都要行善事，对父母不孝，就不是善；第三种人就是玩玩闹闹的流氓，过去的土匪不让抬辇，而且包括家里有白事的不能抬辇。

不听大会指挥，可以叫你停演几年。得走会道，前面有会，后面的会不能超会，但可以催会。怎么催，前面的会耍得时间太长了，后面的会等不了，可以用你的前场法鼓催会。敲简单的一小段就停，告诉他们我们要走了，你快点表演。会见会，必须把人员停了，举起手里的东西过头，道谢，说“辛苦辛苦”。正月十三必须出灯挑，各个辇上必须出，前面有拿着帖的，后面是小孩子拿着灯挑，到了茶棚，说“辛苦辛苦”，要换帖，八驾辇的帖到齐了，可以落灯。耍乐会员嘴里不能吃东西。过去干燥，可以含一个清果，不能交头接耳说话，不能伤害观众。抬辇的人必须穿得齐全，互相得告谢。得听懂号子和指挥，不能喝酒，能抽烟。这个辇上抬辇的少，别的辇的人可以帮忙。以前挂号去，一个灯火灭了，赶紧点上，差一个灯都不行。辇停到那儿的时候，得看辇停得正不正。平常一般是各会管各会。正月里才拜会，平常没什么交往。

从茶棚里把辇请出来前要上香，就是祭拜。初九是玉皇爷生日出全会，得贴布示海报（喜报），贴到集中的地方，大伙都能看到，自己家也贴着。收多少钱支出多少钱，都贴。初九就开始设摆，根据天气和人员情况，天冷，关门就早；人多，关门就晚。

辇大致分三部分，从辇龛往下到底座，为一部分；从辇龛往上到辇顶，为一部分；辇顶皮拉帽为一部分。海亭基本和辇一样有辇座子、亭子身。我今年想做一个灯铃亭，108个灯，108个铃铛，摆千里眼和顺风耳，因为他们是娘娘的前导，得20万。

会里有抬辇的、把持、拿凳子的、举小旗的。把持遇到哪种情况喊哪种号子。各辇有不同，以前好多号子，现在很多失传。前把持喊，告诉后把持，要注意什么。把持喊“上挂远稍”，意思是上面有树枝和电线，要蹲着才能过去。“左手上靠”，左边的龙头要蹭墙了，要注意别蹭墙。“左右两厢靠”，是左右两边窄，要注意。脚底下湿滑，前把持喊“长滑一溜”，意思是要注意，别滑倒了。要是前边有水坑，喊“脚底滑”。脚底下有砖头，喊“下卜（bū）路”，就是这个东西碍事。前把持喊，“齐了吗”，后把持喊，“齐了”。前把持喊“着肩”，再喊“请”，一个声比一个声得紧，喊“跟了”，才能跑。前把持喊的声音得有土音还得加京音才能好听，还得拉长声。“打杵”的“打”字得提前五步喊，喊凳子，凳子才去垫呢。喊“歇好”，意思是歇一会儿。现在没喊全的。“小步彳”，意思是慢走，“彳”是走的意思，喊的时候要拉长音。前把持喊“小步彳”，辇被抬起来会上下颤悠，这是辇杆（大杆）发挥弹性作用的结果。

宝辇跑落必须稳才好看，跑起来像一阵风一样。我们这形容一个人跟大辇似的，意思就是这个人稳，文质彬彬。脚步齐，才能稳。轻与重取决于大杆的软与硬，长度、预度都是有比例的。

三、营房茶棚会员*

营房茶棚会头季旭（前左）与会员合影

营房茶棚在营房道上，所以叫营房茶棚。领头的叫会头，祖祖辈辈往下传，父亲传给儿子，所以传统不能变。没有后代怎么办呢，看谁练得好，就跟着他学。那个人老了，就让学的人盯着。看学的人行了，那老人才能退。现在没那么盛气了，谁都能抬。以前特别讲究，不是谁都能抬。八驾辇互相斗气，看谁的好，谁表演时候看的人多啊。过去咱这儿有盒子灯，已经60年没有了，据说是南方人做的，这盒子灯做起来花费相当大，每年正月接驾都要在娘娘庙前点盒子灯。

茶棚开门时间在过去挑日子，正月初六就开始抬掇辇了，最晚不超过十四，把辇抬掇出来，先上娘娘庙报到，报到以后，就进茶棚搁着。然后在文化馆抓阄，出会时就按照抓阄的顺序，头会、二会等。正月十三到正月十六期间，灯挑必须每天出。那个时候也没有嘛事，没电视也没其他的娱乐方式。正月十八接驾，看天气，如果天气不好，还要顺延。以前看会，在自家门口就可以看到茶棚和会，现在人们都搬走了。一出会，老头们来看会就很不方便了。

* 口述人：营房茶棚会头陈树桓、季旭，会员季凤祥、王宝祥、綦虹伟。

玩的时候要遵守会规，会规就是玩会的规矩。比如出会的时候一定要穿好衣服，辇代表的是葛沽的形象，你既然要玩儿这个会，就要遵守这个会的规矩。茶棚每天晚上出灯挑，就是十三人提着灯，用竹片做灯把，穿着整齐，或是老人或是小孩儿，八个茶棚每个茶棚都走一遍，各个茶棚的辇不外出，打灯挑的小孩拿着帖，葛沽会规讲究，人就算不到，帖必须到。除本茶棚外其余七个茶棚必须到，到各茶棚以后，和茶棚会头换帖，打灯挑的人站成一排，给各辇里的娘娘鞠躬，这是换帖的基本程序。外人来葛沽看会就"扑虎"了，他们跟着会跑，那样看不好会。只要坐在一个茶棚里，什么会都可以看见。

解放后，葛沽接驾时间比较长，从接驾当天十二点报到一直玩到转天凌晨两三点钟，过去门幡会是第一会不抓阄，门幡在半道上停下了，哪个会也不敢惹，如果后面的会与门幡发生矛盾了，只能陪着人家，门幡几点动，后面再跟着动。宝辇也不抓阄，永远在最后一个压轴，其他辇可以玩花活，唯独宝辇不允许跑落。以前接驾各辇从西马集回来到娘娘庙三进宫时，首先放三声礼炮，给宝辇发信号，准备起驾，凡是抬辇的人必须身穿辇子衣，手举着香去迎接宝辇（大奶奶）。

每个抬辇的人在抬辇之前必须净身洗澡，否则不能碰辇，这是其一。其二穿孝的不让抬，例如家里有老人故去，三年之内不允许摸辇，如果是带会的（带会一般指会头），提前找好接班人。过去小孩儿们不让进茶棚，想摸摸辇是万万不可能的，如果在茶棚里说了不干不净的话，会把人轰走，甚至挨打。以前老人们小的时候进茶棚，家里人会叮嘱到茶棚里不能胡说八道。由于会规的原因，本茶棚的人只可抬自己的辇，允许去别的茶棚拜会，但是不允许抬，属于哪个茶棚就跟着哪个茶棚玩。

王宝祥（王老爷）口述：我原先是耍乐会海乐老会上的，老一辈都是抬辇的，那前儿盛气，我的大哥和父亲，都是老杠头的。以后海乐会不出了，我就跟着辇玩。当初我大哥抬辇的时候，我父亲得跟着我大哥，一直跟了二年才正式抬营房辇。我父亲当时是“杠头”（就是在最前面抬辇的），我父亲给会头说肩膀上长了个大疖子，今年没法抬辇了，当时的老把持叫季宝贤，就说：“嘛就抬不了了，走！抬完以后保证你肩膀上的疖子好了。”后来我父亲看不抬不行了就抬了，抬完之后，疖子化的脓被压破了，最后好了。后来季宝贤就说：“我说怎么样，二奶奶驾护着你，把你的疖子就治好了。”这个事是个真事，以前那帮老会头们也讲过这个事。

陈树桓口述：当时葛沽街第一个恢复的是宝辇，等宝辇做出来以后，营房就也想做辇，就把当时老会头和老抬辇的人集中一块晚上开会，我太年轻没去，这一没去可不要紧，最后定的我当会头。老会头们天天晚上来我家磨我，让我当会头，当时有队部，我在生产队当小队长。我说，如果用咱队部，我大力支持，当会头我不能干，因为，第一我年轻，第二我是营房道的人，我们陈家没有抬辇的。最后还是说不过大伙就应下了。1986年选完会头就开始选木头打辇，木头在河北西窑，拉来木头就卸在队部的西房山上，紧接着找人打辇，最后研究找胡崇熙打。当时做辇的钱完全是营房道上的人集资，没有太有钱的，都是老百姓自发性的，比如你在营房住，去了就和人家说拿点钱，咱营房起会了。辇和表亭都是营房道的人们出的钱，营房辇是当时葛沽镇上恢复的第二驾宝辇。当时上级不让做，发现我们做了，凌晨两点被逮到了公社，最后就只能夜间做，为了防止锯木头的声音传到外面，就把窗户和门都用大棉被捂上，打开灯在屋里偷着干。做成辇以后塑神像又费劲了，当时认为这是迷信不让辇里面放娘娘。当时一共有三驾辇：宝辇、东茶棚和营房，做成以后1987年，正月头一次出会，一个辇上由四个派出所警察押着，不让穿辇子衣，然后上街表演，在半道上我就把辇子衣发下去了，派出所警察立马就把我围上了，问我：

谁让你发的辇子衣，我说：我让发的！它不属于迷信，唱戏的能穿我就能穿。东茶棚会头一看也回家去拿辇子衣去了，抬辇不穿辇子衣配不上套，从此以后就都开始穿辇子衣了。有一年去天津“二宫”，葛沽去了四驾辇，其中就有营房，当时是武警的车拉的辇，公交4路拉的人，连打执事和抬辇的一共去了六十多人，目的就是想让辇围着会场抬着表演。到那刚安好辇杆，就去了个带白帽子拿着照相机的人，指着辇就问，谁让里面放的泥像？非让请下来，最后辇也没动，也没表演。从那开始，谁让去哪也不去了。葛沽宝辇除了在正月出会，其余不参加红白喜事，茶棚的东西除了玩会期间能用，其他时间都不能外借。

当时的辇里的娘娘（二奶奶）是由咸水沽的泥人张的徒弟做的。当时刚恢复时，不让供奉神像，二奶奶可受罪了，我们在队部找了两个水缸，上面搭着个板儿，把二奶奶放在上面，又弄了个大洗衣机盒子罩上，派出所来要，我就在别人那弄来个菩萨奶奶的瓷像，用了一宿的功夫，叫人用木头钉了个小椅子，夜里新油的油漆，我们家里给做了件衣服就给菩萨奶奶穿上了，第二天派出所来要，就把这个瓷像带走了。因为人们的好胜心强，尤其是老人们一看宝辇恢复了，营房也不能落后。葛沽宝辇是1966年被砸的，1986年到1987年恢复的，营房是恢复得比较早的，从1986年恢复至今没有中断过。每年正月初六把娘娘请到辇里边，法鼓开始响起，敲《五凤楼》，一直到正月十六接完驾再把娘娘请回去，营房出会人员旧时能达到120人，现在达不到了。

表亭有一百多年的历史，最早是会头闵家（闵四爷）在外面买的，其作用是办丧事，等接完驾就找营房的人们去给他抬，就说：老少爷们给咱试试这个表亭，这么高没法抬啊。等人们抬完以后就说，赶紧给营房二奶奶陪驾，从那儿开始表亭就归了营房了。

把持的口号有：“尾儿带左手”，“尾儿带右手”，“上手挂”，

“两上靠”，等等，前后把持遥相呼应，只要把持穿上辇子衣，整个辇就交给把持了，怎么跑，怎么玩，全听把持的。营房抬辇的特点是，跑得快，大步量，步伐齐，有一年娘娘庙接驾，营房抽签是最后一会，晚上到娘娘庙三进宫的时候，就给营房甩了一个刚好可以抬进辇的空档，老把持把营房辇从西头跑着带过来一看，带小了弯儿进不去，就又来了个带右手，看会的人们就鼓起了掌声，当时辇还没停，跑着就进了空档了，把持一喊“打杵”，再看辇上的龙头和旁边的两个辇的龙头就差一二公分，就把辇撂那了，再看和旁边的辇一刀齐，人们又再一次鼓掌。

葛沽辇玩会都是“气虫”，你跑得好，我恨不得比你跑得还好。杠头的右手反手撑腰，催尾儿的扣住了后面肩杠子的扣（kōu）。前后辕子抱杆，可以往外推，也可以往里拉，辇就可以转圈，前后把持掌握平衡。抬辇走起来得有气势，有精神，威武劲儿十足，营房辇跑起来穗子都是一个方向。进会场后耍会期间不换人，什么时候玩够了出会场了才能换人。

四、东中街茶棚会头李庆祥

东中街茶棚会头李庆祥

李庆祥的父亲是以前的老会头

我叫李庆祥，现在是东中街茶棚的会头。葛沽宝辇“文革”期间都被砸了，东中街茶棚1986年开始恢复，大伙集资，买木料，找雕刻，募集资金，到1987年年底正式落成。1986年，冬天进腊月了，我父亲跟大队里请求，要恢复辇。大队里种有一批本地的榆树，质地很坚硬，不容易裂。经大队同意，伐了几棵榆树，用来做弓腿。放在河里泡了很长时间，不泡的话，雕刻出来的辇容易生虫子。冬天这么一泡一冻，里面的细菌就没了。1987年开春，开始向商店、老百姓集资买楸木，联系做辇的木匠。辇做好后，当时我们家有三间房，就在院里搭的棚，先放在我家。那会儿我才上高中，这时候开始接触宝辇，对它有了心气儿。当时好多配件，都是自己做的，灯泡、灯座、蜡扦、旗顶、顶灯、大扣的扣夹。像披挂嘛的不能做的就买。一吃完晚饭就开始做，一直做了一冬天。我们辇上雕刻的图案是喜鹊登枝、丹凤朝阳、龙凤呈祥、二龙戏珠，都是喜庆富贵的意思，符合娘娘的身份。

1995年下半年起，年年搭茶棚，都是我们自己搭。腊月二十几开始搭，找基建队，找脚手架和苫布，当时一点积蓄没有，赞助的也少，找单位借的钱搭茶棚。茶棚规模很大，跟现在这个差不多，但都是用架子搭出来的。腊月二十八必须搭好，对联得贴上。

把辇组装好，需要一天的时间。把辇的各个部件从仓库里拉到茶棚里，在茶棚里组装辇，不是谁随便都能组装。组装时都有程序，拿皮拉帽来说，这是大件，必须打“8”开始，上面标的有数字，按着从“8”到“1”的顺序安装，不是谁随便就能摸。茶棚是接驾的时候用脚手架临时搭建的。接驾后，要把辇整个拆下来搁着。辇分为三截儿，一截儿一截儿地拆下来，辇必须拆完后存放到生产队的仓库里。因为平常住户房间都小，辇大放不进去，只能放在比较高大的公共建筑里。

我那会儿22岁，是会里最小的，主要是替肩和打日罩，还没开始正式抬辇。我父亲那一辈的当时40多岁。那会儿活动不多，赞助商不多，主要是葛沽镇里活动。我打日罩子两年，有经验和力气了，才正式抬辇。一直到1996年，我接过来当会头，但是我父亲还一直在后面给我指导。我当时是最年轻的会头。后来盖了这个茶棚，都是我张罗的钱。地是村里的，得先报申请，画草图，村里往规划局报，批了才能盖。为什么盖茶棚呢，因为以前风多，搭的茶棚漏风，风容易对辇上的漆造成腐蚀。所以就想方设法联系赞助盖茶棚，不盖上，就感觉对不起任何人似的。各个茶棚都有这么个紧迫感。我在任上必须干点实事，做是我自己设计的，包括上房看他们施工，那前儿，什么都不在乎，就想把茶棚盖好。去年置办的服装和披挂，执事还没置办呢。如果置办齐了，我的心愿就都了了。

人们供奉的娘娘必须正月出巡，过去出巡是抬着八仙桌子，以后有阔商出钱赞助，一点点扩大规模，比如加个顶，加个龛，再加上雕刻披挂嘛的，逐步发展得比较正规。我们供奉的是碧霄娘娘，云霄、琼霄、碧霄是老姐仨，我们排行老三，天后宝辇行大，营房茶棚行二。北茶棚供奉山东的泰山圣母，是金脸的娘娘。阁前茶棚供奉子孙娘娘，过去求后就求她。香斗茶棚是痘疹娘娘，以前小孩子生天花求痘疹娘娘。东茶棚过去是海神娘娘，是妈祖的前身，以后说是天妃圣母。西茶棚供奉眼光娘娘，生眼病靠神赐福，就求她。

正月接驾前，耍乐会必须拜各个茶棚。先换会帖，鞠躬，拜完之后，在广场耍一会儿，再接着去下一个茶棚，每个茶棚都得转过来，一个不能落。按过去说，以前的辇路过茶棚，必须和茶棚对个面，再换帖。正月十六接驾，我们会路过北茶棚、阁前茶棚、宝辇、西茶棚这些在老会道上的，要把辇对着他们的茶棚，打杵，换帖后一转圈再走，正月里，让小孩子拿着灯挑，去各个茶棚，道辛苦，把对方帖拿来，我们的帖给人家。到晚上十点了，其他茶棚我都转完了，但是还有一个茶棚没来我这儿拜，我这茶棚门就不能关，得等他们来换完帖，才能熄灯关门，这一天才能结束。我们接驾接的是宝辇，它是最大的，我们去拜她，她不来拜我们，但是帖必须来。

接驾那天，中午十二点开始挂号。目前宝辇位置的正北方是广场，包括座乐和耍乐都要挂号，齐了得两个多钟头。下午三点左右，各个会开始按照顺序表演。表演从主会场下来后进入老会道表演行会，五点多吃晚饭。之后，七点左右掌灯，再沿着老会道进主会场我们挂号的地方。依次到达以后，开始各道会还得表演一次，是二进宫。然后奔西茶棚，因为西茶棚是西边最后一个茶棚，所以必须拜到了才能走，每年都是这样，再回到主会场接驾就结束了。前几年，凌晨一两点钟才结束。有一次，我们结束都凌晨三点了。现在，镇里控制时间，不让太晚了，因为武警和消防队也要下班。

过去，路过娘娘庙会有表演，不过现在简化了，商家放挂鞭就行。

葛沽宝辇会要抓阄排档，一年一抓阄。具体什么时候抓阄不确定，有时候是腊月开第一次会的时候就把阄抓了，这几年是在正月初八，花会协会一上班就开始抓阄。之所以要用抓阄的方式，是因为各个会恨不得往前走，这样耍乐的时间比较充分。如果不抓阄，后边就有反映了。这也是凭运气，体现一种公平吧。香斗不抓阄，宝辇不抓阄，其他茶棚都必须抓阄。

我们茶棚的娘娘接完驾就要请回佛龛中，佛龛就设在茶棚里。娘娘生日是农历四月二十，跟人一样过。四月十九要包催生饺子。茶棚附近的居民和信徒自个儿在家里包，也给娘娘上供，给娘娘上供的饺子，由我在家里包了，给娘娘端过来。生日当天上供鲜货和水果点心，吃面条。晚上搭台唱戏，相当隆重。从中午开始预备，茶棚必须打开，娘娘要从佛龛请到宝辇上。

一般正月初六就开茶棚，这需要看天气情况，比如正月没有雪，我们开门后可以去厂家敛赞助去。给我赞助的厂家还没开门的话，我就晚一天开门，开一天是一天的挑费。开茶棚后，要打扫和布置茶棚。

现在人员是个大问题。一般抬辇的都是固定的人员，比如周围邻居，长期抬辇的，一到正月出会自己就过来了。但是会员没有固定的，表演时住在附近的和平日里关系好的，也有亲朋好友，自动就来会上了。我们茶棚历年没有外来人员，坚持必须自己人抬，没有花钱雇人。正月出会管一顿吃，不给钱。除了正月十六，其他时间出会，就给一部分钱，不管饭了。

解放前我的爷爷当会头，叫李树林，已经过世30年了。1986年恢复，我父亲当会头。1996年，我接过来了。我们这个茶棚有家族传承性。能当会头要有能力，吃苦耐劳，有威望。没有威望的话，有能力有资金，可是没有人维护你。花多少钱雇人来，就失去它原有的意义了。在东边，我们的威望还是比较高的。我爷爷和我父亲都是做泥水活的，东中街一片就是生产队，种地的多。现在有进厂子的，有做小生意的。我现在搞运输。会头在娘娘接驾后，必须烧香供奉，辇的服装要洗，天气好要晒。一切事情包括执事披挂有损坏的要统计，平时接待一下来采访的人，这都是会头的事。会员平常就得联络感情，不能说接驾了才招呼。当会头要有勇气往前冲，大伙认可认头。不认头，也许就让别人替代了。我肯定会让自己的儿子当会头的，但是他不如我对茶棚的感情好，我的感情比较重，下一代都淡漠了。

葛沽镇一拆迁，工厂少了，现在茶棚开门晚了。以前从腊月二十八九开始打扫，用席子搭临时茶棚，破五就利索了。现在初六才开门，打扫卫生，联系客户，一切都往后推了。过去，初一初二不出会，从初三开始就有各种活动。拜茶棚，高跷等耍乐会踩街表演。这几年时间都往后推。以前，各个茶棚都得拜，各个茶棚开门时间前后都差不了几天。现在人少了，都不拜茶棚了。正月十六之前主要是去企业里出会，对我们支持最大的是葛沽石油机械公司，把所有的辇都请过去，每次给两千到四千元不等。以前必须敲着鼓去，现在敲法鼓的人员少了，有几个茶棚还有法鼓。正月十五也能出会，但是必须在掌灯之前回来。

以前只要开了庙门，各个茶棚就要天天拜，晚上掌灯。现在都简化了，只在正月十三到正月十五，每天晚上拜茶棚。有一个稍微懂点会规的老人带着孩子们去，保证孩子们不出事。孩子们拿着六个灯挑，吃了晚饭去拜，路上遇见耍乐了，必须道辛苦，换帖，到茶棚后道辛苦换帖。比如看见高跷耍着呢，必须说“辛苦”，把小会旗横着放举过头顶，把会旗上的茶棚名字亮出来才行。

东中街茶棚有牌匾，上面写“东中街茶棚”。茶棚前的对联是每年临时写，我们是用红纸写的，看着喜庆。出会的时候要贴海报，每年都贴。一开庙门就贴，上面写“东中街善事”，就是好事的意思。这就表示庙门开了，接驾我们到，平常表演我们也要到。海报就跟一个承诺似的。如果今年茶棚有事，需要闭会一年，就不用贴这个海报。每年的收支状况也要用红纸写后贴在茶棚外的墙上。

出会一般都是要乐会在前，今年是十四道要乐会，要乐表演完了，辇才开始表演。各辇的顺序一般第一是门旗（大旗），后面是法鼓，法鼓后面是执事，最后是辇。最近几年，简略得特别多。有的茶棚没有法鼓，有的茶棚没有执事，因为执事打全了需要很多人员，但是人员现在是个大问题。抬辇需要八个人，加上两个把持，共十个人。抬辇人员的技术都是这几年积累的，平常练习得少。这是一个水到渠成、自然而然的事情，新人从抬辇开始练，得知道抬辇是怎样的路数，能听懂把持的指令，抬几年辇，就有经验了。新上来的没有当把持的。

把持主要通过口令进行指挥。平稳地走，叫“小步彳子”，到了路口和桥上，必须小步地跑，桥上既不能停（住）也不能走，不能在桥中间站着，必须跑起来，这叫“跟”。过桥后，得是小步彳子。庙口，也必须跟。在街道中行会，上面有电线，把持喊“上靠”，告诉后把持注意。实在过不去的，就拿挑杆挑。过去有牌坊，限制辇通过，就必须哈腰抬辇过去，抬辇人员猫着腰走。正常情况下辇距离地面整整30公分，抬起来是40公分，如果哈着腰行会，辇离地面仅仅四五公分，过去有高压线也不能挑，都得哈着腰抬辇。如果两边有房檐，把持喊“两边两上靠”，意思就是注意了，上面距离窄，拐弯的话，前后把持需要把握好两边的距离。

一般体形健壮的人才能当前把持。因为拐弯的时候，辇上的分量很重，辇有惯性，上坡的时候，辇的后边沉，重量都在后边。下坡的时候，头里相当重，需要把持把辇杆平衡好。第二个，嗓音得好，这一天下来，不变音，能听老远，因为出会的时候熙熙攘攘，十分嘈杂，前把持喊的声音得让全体抬辇人员听见。第三个，得有经验，必须抬辇跟过一段时间才行。第四，眼神得好，得左右、上下都能看到、照顾到。不然稍有闪失，辇就会被损坏。

入会没有入会仪式和拜师仪式，但是过去抬辇相当严格，如果谁有力气想抬辇，不是随便的人能抬能摸的，要看你是干什么的，得是本本分分的百姓才行。

五、西茶棚会头杜家路

我叫杜家路，今年82岁。我这辈子没读什么书，大字不识一个，干了一辈子受大累的活儿，以后条件好了，买辆车，做几年买卖，挣儿口吃的，我就是身体好，体格强。我打一直以来就没离开过西茶棚，就搁这儿住，祖一辈父一辈的。小时候在茶棚抬过凳子，后来就跟着抬辇。抬辇是受累的活儿，以前我抬的是前辕子，杠头太重，我抬不了。西茶棚的会员都是咱们本大队的。这么些年我们一个人没雇过。我们这个辇得30多人跟着。

西茶棚会头杜家路

我从来不吃会，我管了20多年会，连饭碗都没端过，花多少钱都经我手花，下边有会计。这是因为我老娘1950年给我许了个愿。1950年，五一劳动节那天，解放军非要看葛沽这个大花轿（他说这个辇是大花轿），告诉我抬一天辇去。我就去抬，得先装辇，不会的人不会装辇，看着辇像那么回事，可是一拆下来乱七八糟，谁也不知道怎么回事。我回去告诉我老娘，我说“妈妈妈妈我抬一天辇去”。我们那前儿是第八街，现在是三大队。我老娘“唉”了一声，我说“唉什么呀”，她说“没饭啊”。我母亲推了一辈子小磨子。我说那也得抬辇去，吃块棒子饽饽抬去。那个时候我母亲许的愿，多咱抬了娘娘那一天，咱不吃会。打那时我记住了，我不吃会。实际上联系钱是我联系，后边跟着会计，钱够用就算。剩下的置东西。辇子衣、披挂都是新的。一年一抹（次），鲜乎乎的，这让老百姓看着多好。

西茶棚的袍最有来历。过去西茶棚穷，有一个姓齐的老人，叫齐林。老会头姓胡，叫胡大掌柜，他开茶铺卖水为生，二文钱一碗水。他一看当时大伙都穷，胡家也穷，也没有钱，没法支持这个辇。娘娘穿的紫红色的袍都生虫子了，这哪摆得出去？一接驾弄个老娘娘出去，多鬇呐！齐林跟赵家胡同有亲戚，赵家大胡同跟黄河道上有亲戚，黄河道就是皇上家，亲戚托亲戚，就去北京找太后了。见到太后。太后问嘛事儿。齐林说求您来了，老娘娘一年一抹（次）穿的袍太鬇了，也没钱买。老百姓吃饭都顾不上，求您老赐一赐，给我们支持支持。太后就说，“跟我小子研究研究吧”。慈禧太后跟她小子研究了，就把她的衣裳给老娘娘一身。拿来一看，都冒着金色，所有的龙大小都是五爪龙，有二龙戏珠，两膀子那儿都一有条龙，所有的龙鳞都是真金的金线纳的。除了龙，上头还有凤，我们现在的袍是无价之宝。

这娘娘袍搁了四家。第一家是刘福春，他是过去的保长。刚一解放，害怕了，说他家不能搁这个，拿一包袱皮裹着。就搁到郭占友（郭四爷）家了。有一个运动是各道会门登记，郭占友是圣贤道，他就不敢搁娘娘袍了。我老娘跟他四老婆斗小牌，两三毛钱论输赢。她说杜二奶奶（我父亲行二），把娘娘袍搁你那儿去吧。我妈妈有两个陪送匣子，就放到那匣子里了。我妈抱着袍裹到自己衣服里头，我以为她偷东西呢，问她这是嘛，她说是娘娘的袍。我说你搁哪弄来的，她说郭四他沾圣贤道了，害怕了，通知他上镇政府开会去，说把袍搁咱们家。这袍搁在我家得20年吧，我们家成分低，是贫农，红卫兵没翻过我们家。“文革”以后我领着我母亲找大队书记叫张宝奇，交给大队了，现在在刘凤祥家搁着。“文化大革命”毁了多少东西，多少年的老古董宝辇给砸了。再晚砸俩钟头就下来了“老古董不许砸”的命令，提前下来俩钟头，都砸不了。刚恢复这个辇的时候，七凑八凑，你想点这个，他想点那个，好不容易才造的这个辇。

西茶棚从有记载开始，第一任会头是胡大掌柜，现在活着得一百多岁了。第二个叫刘玉珠，也一百多岁了。第三个是刘启发。第四个是张宝顺的爷。第五个是刘启发的少的叫刘福元。我从恢复这个辇开始当会头。西茶棚背后有大款们支持。最大的大款叫刘学仁，现在得上亿了，人家支持，给他要二万不敢给一万九。咱们出会的资金来源有一部分就是信众捐钱，另一部分是有钱的人捐钱，政府给2200块钱。除了正月里接驾之外，其他日子不出会。我们正月里也不受商家邀请出会，我们不干那事。我们有大款们支持，钱够了，就不满处要钱去。

葛沽一共八位娘娘：大奶奶、二奶奶、三奶奶、眼光娘娘、圣母娘娘，送子娘娘、泰山圣母、海神娘娘，两驾亭子是陪驾。大奶奶在当中正位，最后上场要压场，另外七驾辇都上场了，排好了，这大辇才来。铜锣响道，放鞭炮，接大奶奶。抬辇的都穿上辇子衣，戴上大缨帽，齐齐呱呱。大奶奶必须脸冲南边，我们脸冲北。这是因为过去的老前辈为了表示尊敬。现在还是这意思，大奶奶不抓阄，大奶奶为上。各茶棚抓阄，宝辇不抓阄，有一会、二会、三会，直到八会，对脸就相当于见到娘娘鞠个躬这个意思。葛沽宝辇出会有三进宫，一进宫在以前的娘娘庙现在的五金铺那个十字路口，有一个大会场；二进宫是沿着会道转回来还在那里；西茶棚有一大豁亮场子，三进宫就是所有的辇到西茶棚后再回来。葛沽宝辇分座乐会和耍乐会，高跷、秧歌、旱船、龙灯啊都是耍乐。辇都得抓阄，看抓到几会，抓三会也好，二会也好，五六会也好，到我们这儿三进宫，要回去了，我们都得给人家辇送回去，把辇送到了会场，各回各茶棚，就算散会了。今年的会没玩好，晚上下雨了，把辇都糟践了。披挂和辇上的东西啊，辇子衣啊，都掉色了。现在我们还晒着呢，要在屋里晒，不敢见日头，否则会掉色。

这八位娘娘具体是怎么分的我说不好，据说是从一座山上请出来的八个娘娘。各街抓嘛娘娘就供嘛娘娘。我们抓了眼光娘娘，过去不讲究迷信嘛，有闹眼的啦，就给眼光娘娘烧香，念叨念叨，就好了。眼光娘娘的生辰是农历三月十六，三月十二、十三就开茶棚门，把娘娘请进辇去，执事都摆好，跟出会一样，点着灯，到时候有烧香的有还愿的。生日前一天吃催生的饺子，生日当天吃面。眼光娘娘在接驾后就不放在茶棚里了，要放在刘凤祥家里。人家也是祖辈传流，几辈抬辇。过去娘娘是泥胎，“文化大革命”给砸了。现在是木芯，从东北买过来一块木头，请了南方人姓胡的给雕刻的。木料是刘凤祥买来的，所以供在他们家。现在的娘娘庙道南路那个白房子是老年中心，当时是政府。以前西茶棚在西财神庙，有两间土房，有两个箱子搁东西，十身辇子衣，都得穿破了才置新的呢，都是缎子的。

我印象比较深的葛沽的庙有娘娘庙、山奶奶庙、老爷庙，还有其他的小庙，土地爷庙、玉皇庙。山奶奶庙在道北路的黄家园，供奉的是山奶奶（泰山圣母），还有痘二哥哥，挑着水。娘娘庙里海神娘娘、眼光娘娘、圣母娘娘、泰山圣母、观音菩萨，这些娘娘我哪个都信。

先有的辇，后有的茶棚，茶棚是用大席搭的临时的茶棚，叫西茶棚是因为我们在最西头。东茶棚在最东头，北茶棚在最北头。过去我们的辇小，后来我们又制造的大辇，又给砸了，我们现在的辇比哪家的辇都重，有1230斤，8人抬。抬辇有规矩，正月十六接驾，正月初七、初八，把老娘娘请到辇里去。家里有老去（故去）的人的，穿着孝，不能摸辇上的东西，这是老规矩，现在也是这样，穿重孝的人不能见老娘娘，不能乱摸。这是盛事的玩意儿，讲究个吉利。清朝以前，听说不三不四的家庭，替肩都不让他干，这是老娘娘盛事，干干净净才能摸辇上的东西。

辇的前场有法鼓、两副茶炊子、执事（金瓜钺斧朝天镫），茶炊子主要是让老娘娘休息的时候喝茶用的。敲法鼓的有几套歌子，敲那个都是识文断字的人。我们正月十六接驾，每年正月十三、十四就开门了，把娘娘请到茶棚里的辇上。后边八个小孩儿，打着角质灯，点上蜡，懂会规的拿着帖，去别的茶棚换帖。别的茶棚都得走到了。这叫拜会，是玩会的义气，你敬我我敬你。过去都是穿着马褂大袍，戴着春秋帽的懂会规的老人，现在都是孩子们了。一设摆，法鼓就在茶棚里敲，人们下了班吃了饭就开始敲，天暖了多敲会儿，天冷了少敲会儿。敲鼓的现在都是老人，70多岁的就一个，叶一祥、曹凤祥、潘老爷，这都是敲法鼓好的人，多远就能听出来好听，领着辇走，辇得跟着法鼓的鼓点走，这几年也没发展新的敲法鼓的人。平常，敲法鼓的家伙都放在茶棚里。我们每年给出会的人包括拿小凳子的小孩们一人一身衣服。出会时有两个大门旗在前面，有纛旗在法鼓的后面。小凳子是黑色的，要和弓腿的颜色一致。辇上绘的图案是二龙戏珠、一凤一龙、喜鹊登梅，都是吉利的图案。

把把持的人刚开始得先抬辇，把辇练好了，才能去当把持，都是从抬辇的人里面选拔的。我把了二十多年了，我父亲也是把持。我打十一二岁跟着跟会。过去的买卖家都给点心，会里就分给我两块点心吃，我打十六岁跟着抬辇。抬辇的听把持的，把持说“两上靠”，你注意不要刮了，把持说“左手滑、右手滑”，意思就是要注意脚底下。前把持喊“眼梢上挂”，后把持往上一看，他就得注意上边了，这不是配合嘛。如果你喊了，他低头不看，撞上了，把人家辇灯刮下来了，那得多鬈呐。到嘛地界喊嘛，到了嘛时候侍候嘛话，出会的时候人特别多，声音也嘈杂，场子特别小。比方两丈的场子，人给挤成一丈了，你怎么走呐，怎么喊呐？就是前把持拥着人往前走，所以把持没胆子不行，得灵活掌握各种情况。把持是抬辇的耳朵，嘛玩意儿都得听前把持的。前把持告诉后把持，后把持再喊。有的人毛毛躁躁，不懂规矩不行，这必须相当地懂规矩，老人的话都得记住，不然容易出事。你要是刮个龙头下去，制造起来就费事了，我们的辇上贴的是金箔。

前面有俩人扛着挑竿，专门挑电线和树枝，挑起来辇才能过去。我大儿子好这个，接了我的班当把持，接好多年了。我今年还把了（当把持）两回。我上岁数了，把不了了，年轻的把，我得跟进会场告诉他们，不能忘了规矩。我二哥也好这个，刘福元的小子刘丰南、刘丰玉都好这个，都是我们三大队的人。三大队有居民户，有农业户，玩会的80%都是农业户，每年甭召唤就自动来盯着了。日罩就是伞的意思，娘娘出巡了，不能晒着，打着伞凉快点，以前打日罩，日罩只能在背后扛着走，不能转圈，现在孩子们都觉得好玩，就开始转着圈打日罩。

出会的时候镇政府用红纸贴海报，告诉多前儿出会。现在的会道是老会道，老会道最北路的那个没有了，都给扒了，两边的房子扒了。道上低洼不平，就不从那边走了，从中学这边走了。

六、阁前茶棚会头刘荣起

阁前茶棚会头刘荣起

我叫刘荣起，属小龙的，今年60岁，汉族，我小学上到六年级，是二大队的人，祖辈都是葛沽人。前有灶离庙，后有葛沽，葛沽人都是燕王扫北时跟着燕王过来的。灶离庙里供着大柳仙，就是蛇仙，传说蛇从庙里出去，盘一圈，到小河里喝水，足有一里地，解放时这个庙被扒了。葛沽码头比较多，造盐，漕运发达，供奉盐公盐母这个行业神。葛沽没受什么大的自然灾害，唐山大地震时，宝辇没事，只有少量房子震坏一些。过年过节的风俗是老辈子传下来的，初五剁小人，捏小人嘴，不让人多说少道。

我上二三年级的时候赶上“文革”，没学什么知识，不能上中学，18岁参加工作。挑河时做挖工，干了8年，不光肩膀，全身都有力气。葛沽人卖小鱼的和杠房的多。我回来后，种地种菜，26周岁结婚，有三个孩子，一个男孩两个女孩，男孩是厨师，也抬辇，杠头的位置。我的孩子很早就抬辇，不用教他就知道。我父亲和哥哥都是香斗茶棚的，我在阁前茶棚。如果不换会头，一般与上一代人在同一花会，有家族传承性。

乾隆皇帝封葛沽为太平庄，他的官员下来先私访，到葛沽后，睡在商户的屋檐底下，商户一看，就把这人接到屋子里去睡。他回去后，就让官吏告诉葛沽人哪一天要出来高接远迎。乾隆皇帝来了以后，一看欢迎的人这么多，就封葛沽为太平庄，说这里的人“不受刀兵之苦，富强而死”，这是一个传说。

茶棚，就跟咱的房子一样，是奶奶歇脚的地方。奶奶出巡了，口渴的时候歇息的地方，茶棚原来不是固定的，多前儿出会现搭，后来才变成固定的。茶棚的名字跟地名有关系，为嘛叫营房茶棚呢，它在营房道上。为什么叫阁前茶棚，因为它原来在阁（慈云阁）上。我搭过茶棚，用席子搭，后来用苫布搭，有几个人几个钟头就搭上了。棚子必须大，得能搁下辇。初二就开始把辇请出来，过去有存辇的屋子，接完驾，拾掇起来，放到屋子里保存起来。原来在老粮店马号那儿，宝辇没在那儿搁着，在商务会搁着。商务会是商家聚会的地方，有大房子。过去存辇的地方叫马号，这儿的房子高大，可以搁开这个辇。现在这地方已经没有了，都盖上房子了。正月初二把辇从存放的地方搬出来放在临时搭的茶棚里。平常也有人祭拜，一拾掇起来，奶奶们就放各家供着保存。现在的辇棚是固定的，长8米，宽4米，高5米。进辇时，把辇棚最上面的门拆掉，辇才能进去，这房是我们自己设计的。辇是神圣的，不能随便碰，没学会的人旁边有人看着，腰挺不住的，就不去了，只是在没人的时候替替肩。“文革”以后，先操办宝辇，二是香斗，三是阁前。以前，辇属于这儿管，属于那儿管，没有正式的会头。解放后，才有了会头。从20世纪80年代恢复到现在，就一直是我和老爷子是会头。

宝辇是第一驾先置办起来的，庙里都有这几位坐的娘娘，你伺候眼光，那咱就敬奉子孙娘娘，就这样把八位娘娘塑起来抬着出巡。先有的奶奶后有的茶棚，有钱有势的，就置办别的娘娘，打置办上，就不能改，这就形成了传统。

阁前茶棚的会员按正规来说，一抬辇最少10个人。2个把持，8个抬辇的，再加上拿小凳子的4个，舞日罩的1个，这是15个，加上会头16个人。

刚一出会的时候，我们60多号人，光穿辇子衣的是30多个。现在人家都上班了，人员少了，也有二三十人。现在入会不讲究了，只要你抬得了就行。过去不行，得查三代，看你的家庭出身，没有邪门歪道，不是二流子才行，否则就是对奶奶不敬，想摸，想当受累的角都不行。以前的买卖家打个旗子、灯挑可以。辇上的人都是葛沽一带的人，年龄不限，18岁以上只要有这个体格就行。西茶棚的会头杜家路都70多岁了，还抬辇呢。对民族也没限制，汉族居多。女的不行，干不了那个活。新去的也抬不了辇，这是重体力活，每个肩上100多斤重量，如果打小肩上没搁过东西，就抬不了，会歪。过去的人有老底儿，农业出身，肩膀有力气。你们拿笔杆子的，抬不了。我是受大累的，光肩膀子有力气不行，腰还得有劲儿。人的体力好就行，体力不好不行。因为各宝辇还得跑落呢，现在入会不严格，能抬得了就行。会上都是三十以上的，七八十岁的就在旁边看着，三四十岁的有20多个人，四五十岁的也少。基本上都是葛沽村民，都是眼跟前的。抬辇的人都是业余的，平常都有工作，到了出会的时候，正月里没事不上班了，就跟着抬辇。

打垫凳子开始，随着年龄渐长，十七八岁了，体格好的，就抬肩儿。出巡的时候，抬两下，得有人扶着和盯着，老人得在跟前挨着新手，万一有事儿，就得赶紧替上去。过去踩街的时候可以练，现在没有练的时间，都是老抬辇的人了。过去，我抬辇的时候，后面必须是左肩，前边必须是右肩，抬辇抬起来后，得踏一下步，步伐才能一致。这个辇抬起来得像一溜风一样，不能歪斜。人家晚上看辇看的是灯火。到了正式接驾，人员得配合好，不能一高一低，高矮个都配合好，跑起来才稳，都找一般高的就行。把持的身高必须比其他辇夫高，不然，其他辇夫还得替他吃劲儿，有嘛事，他搂不起来。其他辇夫的个子一致，一个高一个矮不行，全都高也不行，就把把持架起来了。得让把持搂上劲儿。前后把持是辇的掌舵的，掌握平衡，辇夫负责抬。出现嘛事，是前后把持的责任。把持的意思就是把住了尺寸。

过去出会前，要给奶奶上香，现在没有这个了。

我祖孙三代都是抬辇的，孙子是拿小凳子的。反正就是好这个。不好这个，就不乐意跟着表演。会旗都在茶棚里放着，会旗上写的会的名字，现在都拾掇起来了。我们的牌匾在茶棚外头，一个是“阁前茶棚”，一个是“子孙圣母”。

出会的时间既不是各会决定，也不是葛沽文化馆决定，而是依据流传下来的老传统而定。一到正月初六，就开始拾掇茶棚和辇。过去，初二就开始拾掇了；现在，人员不好找。破五以后，大家都闲了，各个茶棚也就陆续开门了，把辇装好，把茶棚打扫干净，把娘娘请到茶棚里的宝辇上。平常娘娘一接完驾放在大爷家里，不在茶棚里放着。这有点迷信的意思。初一、十五得烧香，跟庙里一样，开了光了。

过去是正月十八接驾。从“文革”以后，改为正月十六接驾。过去的说法，是要躲天气，因为一般来说正月十五、十六没好天气，过去有个说法“正月十六雪打灯”，闹天气下雪了出会就要错后。出会的日子得是个双数才吉利。现在改为正月十六，是因为人员问题，正月十五一过，上班的人特别多，抬辇的人就少了，不好找。现在年轻的要走亲戚，一般初五破五后亲戚就走得差不多了，大家都有空来会里抬辇了。初五到十六要去找外单位拉赞助敛钱，因为会里的挑费大，找了钱才能置办东西。以前，抬辇的人员不用给钱，现在得给会员钱，会头不拿钱，剩下的钱就给会上了，子孙娘娘过生日的时候再用。会员也不交会费，平常没有排练的时间。

出会必须过年的时候出，平常不能出。正月十六必须在葛沽演出，正月初九到正月十五邀请我们出会都行，但是正月十五晚上必须回到葛沽。以前出会都得抬着去，现在有汽车，可以拉着宝辇去，到了以后表演就行。

出会前不祭拜，直接出会就行。过去得先净身洗澡，出巡的时候给奶奶烧香。每驾辇前有香炉，让外人祭拜。会里有的人上香，有的不上香，也没有集体上香的仪式。过去都是刚一出会，抬辇的人一人一股香，烧完后才能出巡。

出会前三四天，在镇政府抓阄，香斗、宝辇不抓阄，顺序不分先后。我今年抓三会，北茶棚是一会，东茶棚是二会，东中街茶棚是五会，西茶棚是四会，营房茶棚是六会。头一道会抬辇走了，第二个依次出发。以前是商务会定，这是有钱人家制定的顺序。香斗在宝辇的前面，亭子是谁的陪驾，谁不抓阄。表亭是二奶奶的陪驾，不用抓阄。灯亭是宝辇的陪驾，不用抓阄，灯亭有灯标的性质。抓阄后，按顺序走，二进宫、三进宫要表演。出会按着顺序走，这是会规。表演期间对会员有规定，始终不能离开辇，吃饭的时候，会上管吃，下饭店，离开了有看辇的人。辇上的零碎的东西都会看着，上蜡了，都是看辇的人上蜡，一晚上点三趟蜡，时间短点用两趟蜡，有风就得常换蜡。不能喝酒，喝醉了抬不了辇，接完驾喝多少没人管你，能抽烟。现在看会的不是看会，是挤会。老百姓不是老葛沽的人，非得挤到跟前去。以前要甩出场子来，宝辇跑起来特别快，现在害怕撞着别人。出会的时候不能说对奶奶不尊敬的话。会员和会员之间一般不会发生冲突，都是按着顺序走，多前儿也打不起来。要是不按顺序，肯定会打起来的。

辇有严格的地理限制，你这是二村的辇，你上一村去，人家不要你。抬惯哪个辇，对哪个辇熟。抬辇的位置是抓阄抓的号，抬辇的人得拿着香去大奶奶那儿接驾，大奶奶辇前摆着香锅，把大奶奶的辇接到总会场，就意味着全会挂号结束了。年年接驾，但是今年这个雪闹得没接成，晚上七八点下的雨夹雪。一般是中午十二点挂号，晚上十二点以后才结束。一进宫是挂号，从茶棚里到服装厂那找自己的位置。座乐会在最后，耍乐会都表演走了，座乐会都到西头西茶棚那个位置，再回来表演是三进宫，整个仪式结束，过去都得晚上三四点钟。因为过去耍乐会耍的时间长，现在耍的时间短。

娘娘塑像两种，一种是木头做的，一种是泥做的。“文革”后刚开始塑的时候，还不让摆到辇里去，这藏那躲的。现在政府基本上不管了。塑娘娘像的时候，要脸型好看，没有具体的模子。一个辇的娘娘一个脸型，都是单独做的。娘娘有好几身衣服，黄的、红的什么颜色都有，和其他茶棚的娘娘衣服没嘛区别。

会帖是写在红纸上的，上面写着茶棚的名字加上“仝拜”二字。会来了，要换帖。这是一种礼节，咱的帖给别的会，他的会帖给我。高跷等耍乐会要拜茶棚，行大礼，要给奶奶三鞠躬。踩街的时候，耍乐会各个茶棚都得拜过去。踩街是正月十二就开始了，那会儿主要是耍乐，座乐不动，辇不动。上供主要是鲜货、馒头、水果。表演的地点这些年没变化，一直走的是老会道，现在的会道从娘娘庙那儿，到东茶棚回来，再到西茶棚回来。要是都拆迁了，会道可能会转移。因为要是都拆迁了，等于没会道了，可能要到新区那边的金街上去展演。因为座乐和耍乐是给人看的，如果都没有人看了，那就没意义了。

座乐会打正月十二就不能出去。正月十五是过小年，都是上香的时候，从初六茶棚开门，有烧香的还愿的，有正月十六在道上烧香的。耍乐会可以正月十五踩街表演，座乐会不能动。座乐会因为有娘娘，所以有一种神圣的意思。正月十五辇上就有灯了，晚上一直要开到十一点呢。我得在茶棚里盯着，人们这天烧香的人多啊。也有上天后宫烧香的，我们不去天后宫拜，我们信仰这个，就拜这个。我们也不去大奶奶那儿拜，也不去其他茶棚拜。你在哪驾辇，信任哪个娘娘，就在这驾辇，不能上别的茶棚拜。

会里的角色有把持、辇夫、打日罩的，我是前把持，在前面的正中，两边是抬辇的。把持得随时掌握八个辇夫的活动，如果有溜肩的，就顺带打杵，还要看着树啊电线啊。把持有行话，喊出去，后面就知道什么意思。前把持先喊“着肩——”拉长音，后把持就准备了。前把持喊：“齐了吗？”看大家都预备好了，后把持应声：“齐了！”前把持就喊：“请！”这是规矩。请辇就是上肩，再喊“起”，“跟”（跑），“小步彳”（走），“尾儿带左手”（向左转弯），一般在带左手时候多，这样不容易溜肩。左手为小肩，右手为大肩。上面有电线，把持就喊“上挂云梢”，意思是告诉抬辇的人上面有障碍物，躲开点。有障碍物，跑的时候放慢，前把持喊“左上靠”，“右下靠”，证明有障碍物，抬辇的过不去，一喊就注意了，两边都有障碍物，喊“两厢靠”。如果地下有冰，就喊“一溜长滑”，要慢步走。有大坑，就喊“左手卧轿”或“右手卧轿”。遇到有桥时要跑着过去，不能停在桥上，要是停在桥上，就好像让奶奶在水里了似的，这是对奶奶不敬，过了桥，奶奶就在岸上了。前把持必须时刻观察周围上下的情况。

前头的人要摆姿势，要挺直，要小步走，好看，大步走不好看。前面两个有挎镣子的，责任大，可以把握方向。跑到一定程度，把持有责任，要搂起来。后面是自由式姿势，使劲就行。抬辇的这几个人得配合好了，前面的四个人不能晃，腰要使劲，不能软。平时也没时间练习，因为都抬了20多年了。辇夫也熟了，碍事的情况下，也能提醒。前面要高个儿的，一米七几的，一米八零的，抬起来好看。前把持是辇上的命脉，大家都听他的，嗓音要好，要喊出去，因为后面的人被辇挡住了，看不见前面，只靠听前把持的喊话。如果没听准，就危险，会摔辇，人也容易摔倒，所以特别强调集体配合，必须一致。后头没有身高要求，后四个有后把持、挎辕子的和催尾儿；前面有前把持、杠头的和挎辕子的。日罩是给奶奶打的伞，跟清朝的一样，这不能变，变了不好看。打日罩的人要与前把持配合好。怎么转日罩，要商量，前把持喊“带左手”，打日罩的人在前面朝左转，后面抬辇的就知道了。打日罩的姿势是右手在上面，左手在下面，分左右手，大小撇，要转得好看。辇跑落要稳，衣服齐，步伐齐，人们就喊好。小步彳就是一段一段地走，步伐整齐，跟检阅一样。前面的人要踏一踏脚，踏脚是为了知道迈哪条腿，意思是：“齐了吗？”右肩先迈左腿，跟不上步的也可以垫垫步，都一致了，就赶上了，跑起来好看，小步彳颤起来好看。有一种说不出的感觉，稳，好，四周的披挂颤，好看。

辇跑起来时是直线，一般转大圈。转大圈喊：“跟了吗？”“跟了！”就跑下去了。太长了，再喊一嗓子：“打杵！”就停了。有的喊“打住”是错的。转大圈时带左手的时候多，向右拉前头向左转，不容易溜肩。阵形除了跑大圈，还有跑“8”字的，跑一条龙的，跑捻捻转的。跑什么队形由前把持决定，大致商量一下，灵活掌握。跑辇的时候，替肩的人得打开场子，辇跑起来需要很大的空间。我们这个辇一千多斤。几个辇也比技艺，要不，看的人不过瘾。得抬着辇跑，有替肩的人，得达到三趟人，才能跑六圈，一趟五十米。辇分三部分，辇顶、辇龛、辇座子。辇用的都是好木头，得是硬木，一般楸木多，槐木也有。上面的图案是狮子，小的图案是麒麟。花牙子是麒麟送子、葫芦万代。这都是“文革”结束以后按照照片上的老辇的样子做的。辇上有顶灯，有披挂灯，共有八串，每个龙头叼着一个灯。大奶奶是两种銮驾，黑白执事，黑夜是带灯的，白天另有一套。阁前辇座与娘娘塑像是连体的，接驾前放到辇上，接完驾后放到我家，每年都是我请出来娘娘放在辇上。

每道辇前有法鼓，有的因为没有会敲的取消了。北茶棚和西茶棚有法鼓，东茶棚、东中街茶棚没有，营房茶棚有但是没出来。宝辇配备的是背印童子，打执事的，鸣锣开道，还有吹会。

每驾辇穿戴的辇子衣颜色不一样，北茶棚的泰山圣母是蓝色的衣裳。西茶棚和营房是红色的衣裳，衣服一样，光子不一样。对于鞋没有要求，过去穿布靴。平时保存衣服放卫生球，出会时拿出来，手套可以戴，一般不乐意戴，因为滑怕出事。

阁前茶棚的子孙娘娘很灵验，很多人去那儿召唤娃娃，奶奶为儿媳妇请的话就说："跟奶奶走吧。"一般都是两口子去。要将娃娃揣在怀里，到家后，跟孩子一样放在床铺上，早晨起来，给娃娃洗洗脸，吃饭时让娃娃吃饭，每年要让娃娃长个儿，长个儿就是重塑娃娃，到娘娘宫重新请泥人张塑的娃娃。

葛沽这点遗产，这点传统得传承下去。

七、北茶棚会员口述*

北茶棚会头及会员合影

北茶棚的泰山圣母，听老人们说是闹洪水飘过来的，什么时候飘过来的不知道，别的娘娘都是泥胎的，唯独泰山圣母是檀香木的。泰山圣母像在“文化大革命”当中被当作迷信品被抄了、毁了，辇也被砸了，现在的都是“文化大革命”之后重建、重修的。国家一分钱没给，都是老百姓的基金，富裕的就多给点，不富裕的就少给点。

为嘛叫北茶棚呢？是因为在北街住，茶棚要是都在一堆儿就没有意义了，北街茶棚是给北街上的，东茶棚在东边，营房那儿过去有个兵营，住过军队，西茶棚也是（这么得名的）。阁前呢，葛沽有个慈云阁，我们叫“阁”（gǎo）。葛沽是个好地方，过去这里是跑货轮的，汽车少，解放后才有一辆汽车。咱这个辇呢，比如阁前，以前在慈云阁那儿，营房茶棚就在营房道上，西茶棚在西车站那里，宝辇在正街上，原前有个庙，后来改为文化馆。

老人们说，以宝辇为重、宝辇为上。过去葛沽的辇都跟大奶奶对脸，那意思要见见面，大奶奶为上，现在就不好说了。宝辇供奉的是《封神

* 口述人：李万华、苏传国、苏传和。

榜》中三霄女（云霄、琼霄、碧霄）其中的一位，不是妈祖。供奉妈祖的是东茶棚，以前我们叫作海神娘娘，现在都知道叫做妈祖了，过去哪里知道妈祖啊。海神娘娘也是救苦救难的，因为过去东茶棚之中有养船的，养船的人过了农历二月十九（观音菩萨生日）才会下海打渔，因为那个时候风平浪静，天气比较好。

北茶棚原来的辇卖到东郊大杨庄去了，里面的娘娘像也是金脸的，后来又新修的，据那时候的老人们说，是民国以前修的，后来“文革”中被砸毁了。这个辇最开始的时候是八仙桌，辇刚一开始招呼，把持喊“带一位”，紧接着喊“各起各位”，前把持招呼“齐了吗”,后把持招呼“齐了”。前把持招呼“着肩”，这才上肩膀子，抬起来以后，前把持首先就要看辇正不正，人的个头高矮不一样啊，要是辇抬起来不正就要喊“打杵”，看齐了之后，才说“请”。“请”就是指开始走了，要迈步了。“走”多难听啊，“请”有一种尊重的意思。还有在道不平的时候喊不平的口号了，拐弯有拐弯的口号。向左拐喊“带左手”，向右拐喊“带右手”。前把持得知道前辕子的两个人抬的是哪边，在右边的时候“尾带左手”，在左边的时候“尾带右手”，目的是方便推辇杆，才能拐弯。

在过去，一般的人抬不了辇，要看家庭出身和家底。家里有小偷，有大辫子的是不让抬的，这样的人在我小时候会挨啐的，老实巴交的家底才可以，大长头发的没戏。

苏传和口述：打1987年我就是把把持，一直到现在。祖辈上就有抬辇的。我父亲是会头，叫做苏名銮。我打八岁跟着垫凳子，跟一天给一包点心。但就这垫凳子的活儿还挨不上了，家里不是那样的（抬辇的）人还不让摸。我“文革”以前是抬辇的，几岁的时候就跟着抱凳子，那些口诀就跟耳朵里面灌满了一样，“着肩”、“请”、“带左手”、“带右手”都知道什么意思，后来就开始抬辇了，是杠头，“文革”时砸毁的辇都抬过。

过去也不总出辇，不像现在这样每年都出辇，什么时候赶上年头好、风调雨顺、五谷丰登时才出会，会头们会组织，有钱的给点钱，没钱的给点洋蜡。

以前的人们有抬轿子的，但是抬轿子的人不喊。把持把辇往前面一亮，不是抬起来就走的，而是前把持和后把持，不论是哥俩也好爷俩也好，不用招呼就得过来，俩人一起去看看前面的道，看脚底下哪里有坑，哪里坑洼不平，哪里要拐弯。拐弯的时候就说“尾带左手”，后面接着喊“尾带左手”。

过去北茶棚的会员都是北边这一带的人，现在不行。现在（的人）上（娘娘）宫挂号去，下了宫就溜了。上宫的时候，穿着辇子衣去了，等下来把辇子衣往辇前一搁，会头再找人就找不到了。

泰山娘娘原先是农历七月二十六生日，我们是2008年改为农历四月十八。我问过老人为什么农历七月二十六过生日，老人们说，山奶奶庙建成以后，把泰山圣母就放进山奶奶庙里面，是七月二十六开的光，从那儿之后就一直在七月二十六庆祝。2008年的时候我们去泰山，就问泰山圣母是什么时候的生辰，才知道真正的泰山圣母生辰是四月十八。回来我就问，怎么改成七月二十六的呢？老的时候，就把开光的日子定作了生辰。

泰山圣母像从海河捞上来，也不知道怎么回事就放在家里供着，后来建成山奶奶庙，老人们就说，这个山奶奶就搁在山奶奶庙吧。那个时候不知道这是泰山圣母，都叫山奶奶，就算现在问到，人们也都说是山奶奶，不说是泰山圣母。一听说山奶奶来了，看到是金脸的人们就欢迎，东中街那里是三奶奶，这位三奶奶是封神榜的三霄女，刚一开始我们这个山奶奶也被认为是三霄女，后来才知道是泰山圣母，我们这个山奶奶是泰山的“山”，他们的呢是一二三的“三”。

东茶棚是林默娘，为什么改成妈祖呢，因为在前些年，天津有个展示会，本来应该让天后宝辇去，宝辇没去，因为那时候一来在修，二来宝辇也矮，最后就让东茶棚去了，东茶棚去了之后就改成了妈祖，林默娘就取消了。实际上现在葛沽镇人还是对宝辇信仰得多，出会的时候宝辇还在最中间，东茶棚虽然是妈祖但是也要抓阄，和天后宝辇娘娘对脸。在葛沽有两驾辇不抓阄，一个是天后宝辇，另一个是香斗，香斗等于算是宝辇的陪驾。

以前茶棚并不是固定的房子，随时可以拆。最早的时候，茶棚在河边那里，那时候有卸船、卸车的，叫脚行锅伙，有那么几间房子，房子也挺豁亮的，在出会的时候就用这个房子，后来河边的房子都拆了。刚一开始没有茶棚，就是用管子、苇席搭的房子，就那么就和着。后来山奶奶庙被葛沽供销社给占了，北茶棚有个王五爷（王春亭）非要这块地界盖的茶棚。

据老人们说过去大户们有的给点钱，有的给蜡，还有的给点稻米，反正接驾抬辇时人们在那儿吃的也就是炖点肉吃点米饭，那个时候人们不像现在有吃有喝的。

李万华口述：我叫李万华，64岁，汉族，土生土长的北街人，以前我家有养船的，供奉的是观音菩萨。在我们这儿的老人们都在辇上待过，但我父亲以前是抬东茶棚的，但我是过继出来的，本姓姓王，姨没儿没女就跟着姨了，改姓李，亲爹亲妈那儿离东茶棚近，我们这边离北茶棚近，打小就跟着北茶棚跑，有时候跟着抱抱凳子，但老人也一般不让摸，就跟着跑。以前没有灯，有“火亮子”，就是苇子拧好，点燃之后盘在身上，走在最前面，那时候就跟着火亮子跑。

辇是被红卫兵造反派砸的，基本上八驾辇是在同一天砸的，其实晚半天就砸不了了，中央新的文件就下来了，就不让砸了。

把持要高个子，我们个儿矮的都抬后面。辇抬起来之后身子往头里冲，所以最后面的俩人手要推肩杠子保持平衡。

会规都是自发的。拿抓阄来说，今年我抓的是头一会，北茶棚辇就要先走，各保各的辇，互不掺合，会头和会头之间可以接接头。一般来说在一个茶棚表演的人不会去另外一个茶棚，偶尔出一两个也都是个别的，这边的人也都不搭理他们了，爱说话的还称呼他们“叛徒”。我是北街上的，抬辇就是这帮人们，如果说抬着抬着去了别的茶棚，就会被别人说三道四。自古以来这都是自发起来的，老的时候干买卖的有钱的多给，没钱的少给，都是自发赞助的。

我是2007年从杜百川手里接过来的会头，我们小的时候会头不让你摸这些东西，就跟着辇跑，有的时候能教教你敲敲镲铬、铛铛这些，钹、铙这些也不会敲，都是小孩儿。

有些茶棚的会头有家族传承性，爷爷传给父亲，再传给儿子，现在很少。据他们说宝辇最厉害了，爹上了岁数管不了了，就交给儿子。现在谁有能耐谁管，也没有一个大伙一块儿选举的过程。段如何是葛沽花会协会的副会长，一开始他找到我们哥俩的时候我们没接，说实在的咱也不懂，那东西也挺娇气的害怕给磕了碰了，后来段如何三番五次地找我们才接过来的。会头就是一个“管理员”，这个辇哪里有毛病了就修修，人家接驾完都走了，我们就负责拾掇，把娘娘从辇上请下来入了佛龛，把一切都归置好了，就像你们今天看到的（茶棚里面的）那种情况。

东丽区那儿也有一驾辇，供奉的也是泰山圣母，我们去了泰山之后就把（生日）这个事情跟他们说了，然后他们也去了泰山，就想一起把生日改了，但是需要向区里报，那边的文化局比较重视这个事情，资料、拨款等等都置办齐了。

北茶棚娘娘过生日跟以前一样，吃面条，搭台唱戏。这个茶棚娘娘过生日的时候别的茶棚的人也会过来，互相串得挺热闹的。这边开放后，泰山那边的人来这边干活，人家说要是泰山圣母得四月份过生日，七月的生日人家都不信，所以香火比较少，改成农历四月十八之后香火特别旺，人家也相信了这是泰山圣母。以前的香火也就一千多块钱，去年四月十八那天的香火钱有一万多块钱。

一个地方一个信仰，我们这边信仰泰山圣母，东茶棚信仰海神娘娘，营房那边信天河娘娘，分地方，分街道。一般情况下是正月初六、初七开始拾掇东西，正月初八、初九就正式开门了。过去晚，一般是正月初九、初十。以前因为要出去敛钱，现在不需要了。接驾这一天，又要吃，又要喝，还得开资，就要几万块钱。今年我们自己做着吃的，要是再下饭店，就要摆三四桌，至少得几千块钱，太贵了。炖点肉，弄点米饭，再弄几个菜，想喝酒的再买点酒，也就一千多块钱。

很多茶棚因为人员问题不再敲法鼓了，得找人敲。本村的人没有会敲的，但是可以找升平民乐的，谁找他们都会去，但是鼓是我们自己的。出会的时候法鼓应该在前面，但现在经常邀请老苏庄的师傅来帮衬。最前面的是门旗，然后是法鼓，再后面是执事，有小孩儿提的金瓜、钺斧、朝天镫，提炉、提灯，最后面是辇。

天后宝辇有背印的，北茶棚没有，这个是传统，老一辈传下来的，打辇修复了以后这个就没断过。传说在清朝的时候，皇帝给过宝辇八匹马等好多东西，那个印也是清朝的印，写的是“侍奉天后圣母”，落款是康熙三十几年，具体的不记得了。现在背着的这个印不是以前的印，是新做的。老人们说乾隆爷下江南，葛沽宝辇曾在（慈云）阁底下接他，老的少的都穿得干干净净地去接驾了，乾隆爷就封葛沽“太平庄”，“不受刀兵之苦，富强而死”。

葛沽过去叫蛤沽，后来才改名叫做葛沽。葛沽有九桥十八庙，最早的是灶离庙，那里曾是熬盐的地方，“先有灶离，后有葛沽”。葛沽有三条河，专门走船运盐的，叫驳盐沟，东茶棚那边有个东沟渠直通灶离庙，北茶棚这儿也有个中沟，入海河处叫北桥口，还有个西大桥在西沟，这三条专门驳盐的。玉皇爷庙在戏园子那里，还有地藏庙。五金部那边以前有娘娘庙、老爷庙、地藏庙、灶离庙，还有两个土地爷庙，现在这些庙都没了，都集中到天后宫里面去了。但实际上天后宫供奉的是妈祖，那还行啊？还有一个玉皇庙，原来并不在那里。就像我说的，要是茶棚都在一起，那就没意义了，庙也是一样的道理。我觉得还得分开，葛沽要恢复九桥十八庙，修旱桥就没意思了，应该把过去的沟都挖出来。

苏传国口述：我叫苏传国，2007年参加这个，就是管这一摊。以前抬过辇，但不总抬，我也没嘛力气，抬不动，就帮着拾掇拾掇，也没别的。就打2007年段如何找的我，让我们哥俩做，以前不愿意，但是禁不住劝，干就干吧。头一年的时候辇完全是用水冲的，擦都擦不出来了，全是黑的，后来用刷子刷的才刷出来。后来一年年的有活儿就干点活儿，没活儿就跟着跑跑，咱也没有嘛能耐。2008年我就说去泰山考察考察，看看是不是那意思。到那儿去照了个像，因为看人家的泰山圣母和咱们的泰山圣母不一样，我也画了个问号。到那儿一证实，泰山那里分一殿、二殿、三殿，一殿、二殿的跟原来一样，山顶的三殿，碧霞祠供着一个泰山圣母，这是很老的一个泰山圣母，和咱们供着的泰山圣母一样。

抬辇肩膀要有劲，腰得挺着也要有劲，把把持也是一样的。郑重其事地站在那儿，人远了一看特精神！两只手放套杆上。

北茶棚的娘娘放在茶棚里，刚开始恢复建辇时都是偷着干的，那个时候还不时兴开放。北茶棚的辇用了不到仨月建成，在好几个地方做的，根据以前的照片完全修复的，辇重1080斤，2008年的时候上称约（yāo）过的。辇要用各种木料做成，像辇座就要用硬的木头，而像弓腿则是用一整块木头刻出来的，细的木头做不出来。

做辇用的钱都是化缘来的，一人给点，也没有大户人家，后来有钱了才贴的金，为什么要贴呢？西茶棚先贴的金，看着挺漂亮的，我们接过来的时候辇的情况很差，老爷子拾掇了三年才弄好。当时想贴但是没钱，第二年我们去找了大户，人家给两万没好意思要，要了一万，凑合着够用了，最后花了一万多点。咱们贴的金和其他的都不一样，从贴金之后就没拿罩子罩过。

北茶棚穿的衣服从传统上就是蓝色的，宝辇是头一驾修复的辇，做得比原来小，于是第二驾辇就做大了，以后的辇都做得大，宝辇就显得小了。原来天后宝辇是所有茶棚中最大的，现在却成了最小的。葛沽人的性格就是，你做得小了，那我就做大了，其他人就做得更大。以前的辇都可以拆，现在也可以拆，但是不拆了，就把辇杆、披挂拆下来。以前皮拉帽、龙头都要弄下来，有个箱子可以放这个，但问题是下次拿出来用就不一定什么时候了，过去不是年年出，现在还是改了传统，年年都出。

正月初七、初八、初九就陆续把娘娘请到辇上。茶棚是座乐会，不拜会，耍会正月十一、十二正式出会，每天都有，去茶棚拜会、换帖，正月十二的时候小孩儿打灯挑，挨个茶棚拜会。

现在会员不好找，因为北街茶棚附近的老人家都迁走了，有些人得上班去，有些人不愿意干这个，干这个就要钱，少了还不干。脚行锅伙就是脚行的办公室。每天都要扛东西，用签子去领钱，我哥哥以前也在脚行里上班，小货轮运盐、运货，到这边来，咱们就负责装卸，北茶棚以前就是脚行干这个（指抬辇）。

以前有出会叫告县官，就是一个人骑着大马，做三天的知县，因为出会要出三天。他到处逛，到了铺子，就用“不好听”的言语，说掌柜的几句，比如“胡子倒了”、“帽子歪了”等等，没有顺着说的，就为逗大伙儿发笑，一敲锣，就结束了。而且也能当县官，有人告状了，就去说，就去闹，镇长都可以押上来，别人都不能管，就这三天，他是权力最大的。这个会是二村的会，两个人表演，一个男的要扮成女的，叫娘娘，另外一个是老爷，两个人都骑马。但是老的人死了，现在也没人有这个口才。

八、香斗茶棚老会员张金发

香斗茶棚老会员张金发

我叫张金发，今年85岁，我是葛沽地界儿生人，打小就在这儿。所以拆迁我就不愿意走，在这里待惯了。我出生时候的脐带还在这儿埋着呢，都埋在后房檐这些僻静点的地方，不能出院子。我好这个宝辇，不好这个不会干了一辈子啊。

我父亲抬了18年香斗宝辇，我今年85岁，我有个姐姐，比我大4岁。我父亲为嘛上的香斗茶棚会上呢？小时候穷，我和姐姐生病了，躺在床上来回打滚，那会儿没有大夫和医院，就是烧香磕头，院里有个刘奶奶，对我父亲说，你怎么还干活啊，去把孩子的病治一下。她说让我父亲去大高庄子，有个刘三奶奶，会看病。我父亲去了以后，刘三奶奶说你是不是走错了地方了，来我这儿。我父亲说来这儿是为了给孩子看病，就跟着我父亲回来了，到屋里一看，俩孩子脑瓜子对脑瓜子，刘三奶奶就说，孩子都是受风了。这个好治，我给你讨点药，你给我弄个碗，找点香灰弄碗里，再买点香，在外间屋冲着北面烧了一股香，弄了点香灰水让孩子们喝了，孩子们就好了。老奶奶说，快过年了，你的屋里得供个贤济爷，我父亲就买来供上。她说你得上会里干受累的活儿，别干轻省的活儿。当时徐恩亭、刘云清是会头，会头说辇上不能随便搁人，不行的不要，多一个不要，这10个人就是一天一宿抬下来。我父亲找到会头，会头说你抬辇行吗，我父亲说抬花轿都行，抬辇怎么不行，抬轿和抬辇是一个意思。头里是大肩，后面是小肩，先大后小。要是大肩，迈左腿，后面是小肩，迈右腿，走起来是一个步。抬不了辇了，就让家里大的去抬辇。我父亲后来抬着费劲了，我才15岁，就跟着他去抬辇，爷俩算一个。后来我行了，就抬了十多年，我父亲就不抬了。我现在还能抬，但是年纪大了，害怕出点嘛事，太鬈（丢人）。

民国28年发大水，水特别深，徐恩亭家南边有条河，我也在旁边住，辇在街南边，会头说，坏了，水要把辇给淹了。一看不好，赶紧到天津找船去，到东浮桥找到了船，赶紧回去把辇放到船上去。船到了搁辇的地方，一看房子倒了，可是辇没事，因为房子前边向前倒，后边向后倒，把辇露出来了。找了10个人，把辇放到船上了，就搁到现在的茶棚所在地了，辇的下边泡了，一干，就裂开了，大家都说辇是有灵的。

正月十六放盒子灯，法鼓都得去，辇上的前场都得去。法鼓敲一个歌子就上擂，这八驾辇的前场要比比谁的家伙响，谁的鼓响。都比完了，这个时候，土匪去了，说公安局不叫出这个会，出了娄子，谁也担不了。那时候我才十来岁。土匪就把一个鼓捅了，大家伙把他逮住了不饶他，人们说坏了，会头要出事。大家去找闫三爷，三爷就赶快跑过去了，说你们做嘛，把这个人就放了，并且告诉他这次是个警告，下次再来看会，别说闲话。会上讲究不能乱说话。

正月初九是天地爷的生日，这天应该拜庙，是庙就拜，拜完了以后，去哪儿都行。耍乐会讲究转天拜会头，出庄子，上会头家唱去，是会头的地界儿都得唱过来。实在走不过来了，就唱一早晨，一天唱两家，然后再走街。把娘娘接到茶棚里是正月初八，正月十八接驾，要是下雨刮风不接，日子往后推，有一年是推到二月二才接驾。因为，出会时，得把会出好，一年就出这么一次。

有一年公安局不叫出，但是前场都已经到位了，会头说不是我不叫出，是绅董不叫出。这时候救火的五善水局，都出来了。水机子照着公安局对过就喷，四个人压水机子，水把大门就掀了。这个绅董一看不好，就从后院跑了，上天津告了葛沽，说起了明火。上面就派人下来，一看没事儿，就是院子失火浇湿了。那时候我十来岁，放盒子灯的时候，就把这个绅董的像放到盒子灯里了烧，绅董一看，要烧他的像，一气得病就死了。会上的人心都齐啊，爱惜这个会。

葛沽有三霄娘娘——云霄、琼霄、碧霄，香斗茶棚跟着大辇，她是伺候大奶奶的。这八驾辇中，宝辇不抓阄，香斗也不抓阄。香斗在前面走，大奶奶辇在后面。香斗茶棚供奉的是痘疹娘娘，痘疹娘娘专门治小孩子生天花。她是使唤丫头，没结婚，修得好，专门伺候大奶奶，她有一套家事，洗脸盆，还有镜子、椅子、手巾，这是给大奶奶预备的。“文革”的时候不需要这些东西，都给砸了。八驾辇中，香斗茶棚的痘疹娘娘地位最低，因为她是大辇的使唤丫头。但是各个茶棚谁也不管谁，都管各自的会。痘疹奶奶没有搁在住家里，就搁在茶棚旁边的小屋子里，那儿有个佛龛，接完驾后，就把痘疹娘娘从辇里请到这个佛龛里。因为没有合适的住家放娘娘，搁娘娘的屋子得清净，初一、十五还要上香。营房茶棚，坐家；西茶棚，也坐家，一般都得坐家。人们来还愿，主要是送衣服、鞋什么的。出会的时候要穿凤冠霞帔，出完会，需要放起来。香斗也是黄色的衣服。大辇不戴红，因为她是大奶奶，不能戴红，凳子都是黑的。还有香斗，也不戴红。

香斗茶棚的辇是开澡堂的刘家置的。澡刘家盖的瓦房，一看香斗在这儿，嘛也没有，就是有点法鼓，没有辇，他就说咱搭个辇吧，搁香斗奶奶，一直保留到现在。在“文化大革命”时，奶奶像和辇都被砸了，砸得人们都哭啊，没有一点办法，灯都是角质灯，统统都被砸了。以前用席子搭的临时大棚，有三层檐子，每层都挂着灯。现在的东茶棚是老式的样子，老茶棚都给砸了，东茶棚恢复的是老样子的茶棚。香斗茶棚的灯是六个国家的灯，当时六国通商，一个国的灯一个样，一上就是三百多个灯火。茶棚得比灯火，茶棚的好要通过比灯火才能比出来。别的茶棚没有六国的灯。现在香斗茶棚有六十多个灯，比别的茶棚的灯都多。解放后，还出过会，张六爷、王六爷在大辇上拾掇了一辈子，有一年，香斗和宝辇搁在一堆儿，老人们就说还不把灯拾出来，多豁亮。大辇上的灯没有蜡火，都是玻璃的，座子都是铜的。没人知道怎么点十三火灯，就是十三个灯头接一个灯，一个灯分多少火，如果是十三个火，就是十三火灯。人们都不会弄，年轻的没看见过，这灯现在已经没有了。澡刘搭辇的时候，也没灯。茶棚一搭起来，会头们说，找找刘爷去，点点灯口子，找有钱的人点去，有钱的买灯，没钱的干受累的活儿。搭大茶棚得有灯，澡刘家有灯，他家的四十个宫灯，就归会上了。会上没有地界儿，就挂到房檐上了。过年才挂，平常不挂，正月十五就是看灯彩。

过去讲究“穷人的腿，富人的钱”，穷人是受累的，有钱人是出钱的，会上讲究不吃不喝，干完了，回家吃去。要是大吃二喝，就成吃会了。以前，都是有钱的赞助会，不到处去敛钱，有钱的才上大辇呢，一般都得看三代，三代清白才要呢，如果有钱，有一代不清白，也不要你的钱。过去，东茶棚都是养船的，香斗茶棚都是受累的，都不识字，都是给别人干活的，干泥瓦活，打八叉，伺候财主。谁家有死人，抬棺材；娶媳妇了，抬花轿，这都跟抬辇一样。所以，抬辇就很容易了。我抬过轿，姑娘出门子，有压轿的，不能空着轿，俩宫灯要着一宿。葛沽码头多，搬运人特别多，搬运的人在茶棚上抬辇的人也多，他们都有劲儿。东茶棚船也有，搬运也有，阁前也有搬运。茶棚里五行八做的都有，有钱的人也多，有开粮行的。

葛沽有九桥十八庙，庙特别多，五金部那儿是老娘娘庙。信就灵，不信就不灵，小时候总去庙里烧香。过年要拜年，磕头，说吉利话。树上要缠红布条，因为大年三十晚上，嘛脏玩意儿都有，脏玩意儿来了专门上树，有红布，他就不上树，红布条是辟邪的。还要贴对子和吊钱，这都是传统。过生日吃面条，头一天吃饺子。

香斗茶棚的前场有法鼓，大辇前没法鼓，是响锣和吹会开道，大辇是全副的阴阳执事。法鼓的歌子都差不多一样，就是人员不一样。现在好多茶棚前场法鼓都不出了，就是因为人员不够啊。

会里的旗子都有讲究，都有顶子，顶子下面是穗子，不是随便有个棍儿就行。没有旗子，不算会。今年出会香斗茶棚出了法鼓，要管吃管喝，还得给钱。法鼓的器具平常放在茶棚里，但是敲法鼓的人员不属于茶棚，所以出会前得去请这些演奏法鼓的人。法鼓和茶棚的关系得好，关系好，年年去，关系不好，不去。一个辇一个茶棚，法鼓和茶棚是一个人管，有的人重视前场，有的人不重视前场。香斗茶棚的辇很重，将近一千斤，分到每个人肩上有一百斤。葛沽还有个做小辇的是营房的老把持，他把这儿驾辇基本上都复制了一套，就摆在他家里，每年过年的时候还点上灯彩。镇上还拿了他一个小宝辇放在镇政府的规划馆里，他也没要钱，这是老娘娘盛气。大辇上的人员穿的衣服是黄的，香斗茶棚的人员衣服也是黄的，都是清朝时候的衣服，时代不一样了，但还是保留着传统的形式。香斗讲究不能带红，得是黑色的小凳子。

现在出会前镇政府统一贴布告通知出会。以前，各会都得贴，一伙儿会贴一张。营房茶棚每年都贴，这个辇收入多少，花了多少，都得用大红纸写上贴出去，剩下的钱，让大伙儿吃，搭上大棚管一个队的人吃，专门请的做饭的，娘娘过生日的时候，就用正月里出会剩的钱。

出一次会需要好几十口子人员。抬辇的最少是两趟人，一趟下来辇夫是八个，前后把持两个，日罩一个，四个垫凳子的，一个拿挑竿的，一个推车子的。最早时候，就一趟人，有体力，正月十八接驾是一天一宿，谁在哪个肩上，一次就是一宿。香斗和宝辇挨着，出会时香斗在前，宝辇在后，也要和宝辇对脸，也有跑落表演，和别的茶棚表演一样。但是没有固定的会员，出会现抓，大年三十晚上拜年的时候一说就行。

过去接驾，吃完饭到娘娘庙，转个圈回来奔会道，是三进宫。嘛叫接驾，辇都上来了，大辇在后边，抬辇的穿着辇子衣，戴着缨帽，一人点一股香，点完后往西边迎大辇，到那儿顶少两股香，有风就得三股香。站在娘娘庙后门那儿，排在两边，接大奶奶，从那儿回来，就完事了。葛沽宝辇讲究有起有落，起怎么起，落怎么落，都有说法。

我没练过抬辇，我出会那前就跟着我爹走，我爹喊我小不点，老说，小不点来抬。我抬辇是前辕子，表演的时候要注意别溜肩，八个人都对着步，溜不了肩。要是走错了步，把持就说，“定一步”，意思是得赶快赶一下，把步子调整好。抬辇头里要搁右肩，迈左步，后面搁左肩，迈右步，才能一致。

把持和抬辇的人都是固定的。出会前会头要给抬辇的两回信儿，要出会了，到时候来会里。到了接驾时，就不干别的去了，专门来会里盯着。来一位下会帖，叫“请来一位”。宝辇是座乐，哪儿也不去，就在这个地界儿。今年在这个茶棚抬辇，不能去那个茶棚抬去，各有各的心气儿，年年就是它，年年就是那些人。我一直在香斗茶棚，大辇我也抬了好几年，到了出会那天自个儿就去了，因为老娘娘盛事啊，一年就这么一回。

头里的把持抱着大杆，后面的把持和四个人是推小车的架势，前面的是挺胸抬头的架势。把持召唤头里，“小步彳子”，就是小步走。“左右上靠”，意思是上边有东西，怕挂了。“左手上靠”，是左手上边有障碍。“右手滑”，就是下边滑。“长滑一溜”，就是长时间小心走。“云挂上稍”，是上边有东西。“左右下靠”，是左右下边有东西，要小心，前后辕子得把辇架起来。以前的土路两边低中间高，得把辇架起来。都听前把持的，前把持召唤嘛，后边得接上。养船的胡玉春是前把持，后面是魏六爷。有一次，搁娘娘庙前面，跟娘娘庙对脸，后辕子摔倒一个，把持和其他辇夫就把辇托着走了，跑个圈回来，才发现少个人，这把持得有多大的劲儿。

正月出会前，会和会之间要拜会，白天要打旗子，晚上掌灯。十个人每人拿着灯挑，戴着春秋帽，到茶棚换帖。来回交往，茶棚互相拜会，必须等到其他茶棚都来拜过会了，拿到会帖了，才能够关灯关茶棚。会不完事，也不落灯。下会的时候，高跷的鼓点就变了，变成下会的鼓点。要乐会没结束，茶棚里的灯挑不能落，都得等着，这就是规矩。

葛沽一大队有一伙渔樵耕读会，有一伙童子会，还有一伙狮子会。出会的不要工钱，不要月钱。村里往西有伙龙灯会和旱船会。共乐会是十二个小孩儿，唱《二十四孝》。小孩子上一回冬功是三个月，三年一上冬功。小孩儿唱三年，年纪一大就不行了，用的就是这个童嗓子。

九、升平民乐会头郭永祥

升平民乐会头郭永祥

追根溯源，在明永乐年间，葛沽已经形成了“九桥十八庙”，是华北地区八大古镇之一，庙里面有和尚，和尚搞法器和佛乐，自古一直流传，每年正月十六接驾，吹着清音（即笙、管、笛、箫）迎接大辇，迎接娘娘回宫，到清代十分兴盛，但解放后消失，一直到1991年，齐文举发起，找到我打算继承和发扬民俗，把民乐这一块搞起来，吹佛曲，后达成一致。现在已经去世的几位老人，如刘广潭、齐洪明等出了很多的力。当时我们这些人在职职工比较多。升平民乐会是1991年起的会，齐文举让我把这个吹会弄起来，填补了宝辇前场吹会的空缺，因为从20世纪80年代宝辇恢复以后，天后宝辇没有前场。会的名字取“升平”，寓意国泰民安，娱乐升平，民乐寓意这是民间自己的会。

葛沽是退海之地，熬盐嘛！据老人们讲，供的是盐公盐母，后供五位娘娘。你可以查历史，五位娘娘是三霄女——云霄、琼霄、碧霄，眼光圣母，子孙圣母。葛沽最大的庙是娘娘庙，供奉的是全神，除去之前的几位，还有五位站神。林默娘在我们这儿是站神，叫天妃娘娘。五位站神有痘疹娘娘、火神娘娘等，都是老人们讲的。三霄女来自于《封神榜》，历史最早，天后宫的妈祖，是宋朝时才有的，来自福建那边，北方供奉的主要是三霄女。

我们从1991年恢复就一直给宝辇伴驾。除了正月出会，各寺庙邀我们去我们就去，西沽的潮音寺我们经常去，也参加和佛事有关系的一些活动。葛沽茶棚娘娘过生日，我们也参加过，比如北茶棚、营房茶棚、宝辇、阁前茶棚都去过。但我们从来不参加婚丧嫁娶这些事。我们出会都是无偿的，没要过一分钱。

成立时天津佛乐团的乐师张玉洁先生作我们的启蒙老师，他教我们北方四大佛乐。当时天津佛乐团的能文先生吹得最好，他也是出家人。我们主要吹佛乐。我们这些会员都是师从张玉洁，当时行了拜师礼，要上香、磕头，喊师傅。张玉洁是我请来的。有一部分人以前接触过音乐，大多数都没有。佛乐的记谱方式用的是工尺谱，难度比较大，刚开始学是七个人，后来加入一人，就变成八个正式的徒弟。当时的曲目主要分为两种，一种是大宫调，俗称“大嘴儿”，主要吹佛教音乐，主要是张老师提供的梵乐磁带中有的那些，如《倒提金灯》《雁过南楼》《行道章》《兰花梅》四大名曲；一种是小宫调，俗称“小嘴儿”，主要吹道教音乐，如《四尚佛》《小白门》《小开门》《金镏锁》《苏武牧羊》等，以及民间小调，比如《拧小绳》《放风筝》《五梆子》，还有一些民歌。学的当年就出会了，第一年是老师吹管子领着，边吹边教。从成立到现在，有十多个固定的会员。会员每人都会一两样乐器。刚开始升平民乐没有法鼓，但我以前是西茶棚五音法鼓敲法鼓的，现在已经不是西茶棚的人了，是宝辇的人，升平民乐成立后就不在西茶棚敲了。正月里，只要天后宝辇一开门，我们就在茶棚里吹会，到了正月十六那天，从中午十二点开始一直到下午伴驾。年轻的时候晚上也跟着吹，现在年纪大了晚上就不跟着吹了。

咱们属于座乐会。在路上行会的时候吹小宫调的，即小嘴儿的，一般常吹的曲子有《麒麟锁》《观音赞》，坐下之后再吹大宫调的，因为大宫调需要锣等其他器具伴奏和配合，要求比较稳一些。

表演的器具有笙、管、笛、箫。笙用紫竹制成，下方有铜管，笙的数量没有限制，通常是四串笙，笙用久了以后还需要点笙。吹会中领唱的最主要的乐器是管子，管子分大嘴儿和小嘴儿，嘴子不一样长，吹佛乐用长苗的，叫做大宫调，小嘴儿的叫做小宫调，一般吹奏民间小调、道教音乐、民歌等。另外还有一种低音的叫做门子，比管子正好低八度，可以吹出八部和弦，可以和管子搭配。管子的嘴子是拿芦苇做的，一个嘴子可以吹十年。嘴子用之前要用水泡，称为“洇一下”，泡开以后才能吹。表演之前至少提前两个小时泡好，半个小时左右可以泡起来。泡开以后吹得才有韵调。泡的时候有方法——“泡根不泡稍”。大嘴儿要吹出韵调，吞吐压绕就在大嘴儿上了。大嘴儿吹得最好的是能文老师，20世纪90年代的时候吹过《行道章》，吹得非常好，小嘴儿要吹出亮调。笙一般作为伴奏，另外为了有节奏感，还有云锣、鼓，个别的曲子，如《金蛇狂舞》还需要配上铙、钹、镲铬。云锣一个人负责敲，挂云锣的架子是牛皮的，锣是铜的，锣上面画的符号是音调。大宫调用工尺谱记谱，现在吹F调，换成简谱是降B调的，记谱就是死记硬背，乐器上初学者需要帖上音调，久了就不需要了。

刚开始的时候，几位老人给了些赞助，但是量不是很大，当时置办了基本的乐器，后来慢慢都是我置办的，主要是用来维修笙，置办服装和乐器。会所暂时用镇上的老年活动中心，将来这边（老年活动中心附近）会被规划为商贸旅游区，要恢复九桥十八庙，我们要搬到哪儿去还不知道。现在一年大概的费用将近一万块钱。我们出会时的服装以前是大袍，戴礼帽，我们也制过僧袍，一人一身，与和尚、道士穿的差不多，但大家都觉得太土了。所以后来就穿华服，因为唐装能够代表中国特色。

出会时管子在当中，两边是笙，笙后面是笛子，最后面是鼓和武场。

云锣在坐的时候才敲，走的时候不敲。笙一般是四串，根据人的多少，要是都赶上歇班，最多的时候有六串笙，人越多越好。

我们已经练了20多年，早都成为一种习惯了。每个周三晚上在老年活动中心这儿练习。有会来拜会，法鼓要收点，“经恰经恰，经恰恰经恰经经恰”，表示来会了。吹曲子呢，必须要吹完整了，比如三段，吹完两段就必须收尾了。但是来了会直接撂下不行，要敲收尾点。我现在整理了51套法鼓歌子，请辇的时候有一个叫《众贤请圣》的歌子，接完驾有一个《驾还瑶池》的歌子。《驾还瑶池》这个曲子很长，几乎没有敲过，因为失传太久了，看着谱子可以敲出来，但平时不常敲所以谱子背不下来。常敲的是“老五套”，《龙须》《反龙须》《狮子绣球》《单对联》《双对联》这些歌子。

我们去茶棚里面要吹一段曲子，会头要上香，祈求会员平安，每年我都会上香，求平安。葛沽其他茶棚请我们去吹的时候我们会去，但葛沽以宝辇的大奶奶为尊，我们伺候大奶奶。头一天出的时候在天后宝辇茶棚里坐着，他们吹着我上香，那几天都在茶棚里面，我们不拜会，也不换帖。

我在葛沽百度帖吧里面发帖，希望培养一部分人学习法鼓，但是没有人跟帖，年轻人现在都不好这个。现在传人不好找，葛沽民间的东西失传的不少。要乐会中渔樵耕读会、杠箱会慢慢消失了。消失有好几个原因，一个是感兴趣的人越来越少，过去很单纯，就指着过年期间可以娱乐。现在娱乐的项目比较多了，可以打麻将，上网游戏，KTV唱歌跳舞，把人们的注意力和爱好都分散了。现在会里70岁的会员有两位，最大有76岁的，最小的有30多岁的，年纪小的是我们后来培养的，不是我们当年拜师的那些人。我们要发扬葛沽镇的传统，不能让老祖宗的东西失传了。

附录一

葛沽宝辇各茶棚传承谱系

茶棚名称	历届把持
天后宝辇	杨国荣、王玉斌、傅连升、张贺年、郭继凯
北茶棚	胥凤楼、张景武、王宝林、周伯礼、王乘海、苏传和、周凤祥
阁前茶棚	杨少卿、潘万卿、杨景泉、史玉明、杨少元、潘少义
东中街茶棚	崔德林、袁凤亭、傅玉田、李树林、傅金奎、傅连升、杨润三
香斗茶棚	胡锡春、姜玉林、王宝斌、王玉林、王金海、安振五
营房茶棚	刘三德、季永贵、闵四爷、崔庆有、季宝贤、任德林、呼宝山、季凤歧、王怀庆、徐玉良
西茶棚	张富亭、刘玉柱、张仲山、刘富言、杜家春、刘富春、李恩熙、杜家禄、刘凤祥、刘连城、赵玉清、张砚池
东茶棚	邓德发、马文明、马田、徐善德、张金保、马兆昌、马兆盛、张维芳、徐马发、杨玉德
表亭（营房茶棚）	刘起、季宝明、何仁义、焦少章
海亭	黄兆林、王海亭、黄凤桐、毕廷仁

附录二

葛沽宝辇相关方言称谓

1.阁：当地读音为gǎo，意思是慈云阁，简称为“阁”。

2.盛气：意思是神圣、隆重。

3.恣意：心里痒痒，对某件事情上瘾，如葛沽人对宝辇上瘾，不玩儿会心里就恣意。

4.那前儿：那时候。

5.一年一抹：一年一次。抹，是次的意思。

6.老去：故去。

7.花活：指出彩，在此具体指葛沽跑辇的“跑落”表演。

8.鬊：天津方言读音为shún，意思是丢人。

9.头里：前面的。

10.催尾儿：抬辇时抬宝辇最后位置的人，也被称为催尾儿。

11.打杵：让宝辇停的时候把持喊的声音。

12.打八叉：干各种小零活及打鱼卖虾，当雇工等。

13.顸：粗的意思。

14.扑虎：指跟着一个会跑。

15.杠房：旧时称出租殡葬用具和代为安排仪仗鼓乐等的铺子。

16.有根：有底。

17.溜肩：辇杆从肩上滑下。

18.惹惹：跟着主事人听话行事，或帮助一些人干事情。

19.齐齐呱呱：整齐。

20.多前儿：什么时候。

21.气虫：在此指特别爱玩儿会，多指一种心理状态，如你办得好，我要比你还好。

22.跟了：指前把持发出口令让抬辇人员开始跑的意思。

23.对脸：晋谒（晋见），在此是指葛沽八座宝辇中，其他七驾宝辇要和天后宝辇面对面，称对脸。

24.亮子：把苇子拧好，点燃后缠在身上，边走边烧，其作用为照明，花会晚上表演时打场子用的。

25.前场：多指走在各会前列的仪仗执事等器具。

26.茶棚：茶棚是旧时庙会期间修建的为香客提供沿途饮食休息的场所，较早为临时搭建的松棚或席棚，现在多为固定建筑，盛放宝辇等。

27.跑落：跑落是葛沽宝辇进行表演的一种形式，抬辇人员依据一定的阵形，抬着宝辇跑，称为跑落。

28.接驾：葛沽宝辇跑落仪式中，其他七驾辇要到天后宝辇处对脸，烧香，称为接驾。

29.宝辇：宝辇为盛放娘娘神像之用，一般一驾辇重达一千多斤。

30.号子：宝辇跑落时把持是指挥者，他通过喊号子来指挥，多用天津方言，辇夫根据把持喊的号子来抬辇。

后记

2013年正月十六，天津皇会课题组成员去葛沽采访宝辇，从中午一直到晚上，采访了葛沽宝辇的出会，这是葛沽最为隆重的一次民俗表演。2013年3月21～22日，3月27～29日，笔者再赴葛沽采访，采访葛沽八个茶棚的会头、升平民乐会员及其他老会员。2014年正月十六笔者又来到葛沽采访，此时葛沽宝辇出会已经从旧区改到新区，和以往出会相比有较大的区别。对葛沽宝辇的采访共录音30小时，录像30小时，照片近千张，完成了对葛沽宝辇较为详尽的采访调查。

对葛沽宝辇的调查相对于皇会文化档案丛书其他老会的调查，较为复杂，因为葛沽有八辇三亭，还有众多的耍乐会，这些耍乐会和座乐会共同构成了葛沽正月十六的出会。葛沽宝辇经历了“文革”的破坏，20世纪80年代恢复，从之前的几年一出会改为每年都出会。在社会文化转型的今天，葛沽宝辇依然在很好地传承，但也与其他诸会一样，面临着各种嬗变，不过，传统就是一个不断嬗变的过程。

值得注意的是，本书传承人口述史部分的内容和正文内容有一些出入，这是因为传承人口述资料的复杂性和真实性之间的缝隙：比如天后宝辇供奉的神像其实是三霄娘娘之一云霄娘娘，但是天后宝辇会头认为其供奉的是妈祖娘娘，所以，在写作过程中，我们采用了云霄娘娘这一公认的看法，而在传承人口述中，我们还保留了其原始的说法。

在本书采访以及写作过程中，各茶棚会头、葛沽镇政府文化馆郭庆江主任，以及民间协会副会长段如何、民俗文化研究会成员刘学孟、《津南区志》编辑靳云璋对我们的采访与写作提供了巨大的帮助与支持，在此表示感谢。同时，也感谢管淑珍、张彰等人对部分采访录音的整理。

在书稿写作中，笔者还参考了一些当地资料，如《千年古镇葛沽》《葛沽庙志》《葛沽镇志》等，也一并对作者和编者表示感谢。

2014年2月26日

于天津大学冯骥才文学艺术研究院

图书在版编目（CIP）数据

葛沽宝辇老会／史静，路浩著．—济南：山东教育出版社，2014
（天津皇会文化遗产档案／冯骥才主编）
ISBN 978-7-5328-8504-6

Ⅰ．①葛… Ⅱ．①史… ②路… Ⅲ．①风俗习惯-史料-天津市 Ⅳ．①K892.421

中国版本图书馆CIP数据核字(2014)第152980号

天津皇会文化遗产档案丛书
葛沽宝辇老会
冯骥才 主编

主　管：山东出版传媒股份有限公司
出版者：山东教育出版社
（济南市纬一路321号　邮编：250001）
电　话：(0531)82092664　传真：(0531)82092625
网　址：http://www.sjs.com.cn
发行者：山东教育出版社
印　刷：山东临沂新华印刷物流集团有限责任公司
版　次：2014年6月第1版第1次印刷
规　格：787mm×1092mm　16开本
印　张：13.75印张
字　数：170千字
书　号：ISBN 978-7-5328-8504-6
定　价：65.00元

（如印装质量有问题，请与印刷厂联系调换）
印厂电话：0539-2925659